Mensa Kids Train Your Brain Puzzle Book Level 2
by MENSA LTD
Text and puzzle content copyright © British Mensa Limited 1994 & 1997 & 2010
Design and artwork copyright © Carlton Books Limited 1994 & 1997 & 2010 & 2014
All rights reserved.
Korean Translation Copyright © 2017 BONUS Publishing Co.
Korean translation rights are arranged with Carlton Books Limited through AMO Agency.

이 책의 한국어판 저작권은 AMO 에이전시를 통한 저작권자와의 독점 계약으로 보누스출판사에 있습니다.
저작권법에 의해 보호를 받는 저작물이므로 무단전재와 무단복제를 금합니다.

# MENSA
## 멘사수학놀이

### 2

수학 실력이 좋아져요

멘사코리아 감수 | H. 게일 · C. 스키트 · R. 앨런 지음

바이킹

# 아이의 천재성을
# 깨워 주세요

바이킹에서 발간하는 책들을 사무실 책꽂이에 꽂아 두면 방문객들과 아이들이 호기심을 가지고 책을 읽거나 빌려 달라고 합니다. 성인들은 대부분 몇 장 읽어 보다가 머리를 흔드는 반면, 아이들은 금방 재미에 빠져 퍼즐과 씨름을 합니다. 그러다 아예 책을 사서 며칠씩 퍼즐의 세계에 빠져들어 즐기는 아이들을 자주 발견하곤 합니다. 그것이 당장 어떤 이익이 있는 것도 아니고, 대단한 지식을 얻게 되는 것이 아닌데도 쉽게 열중하며, 문제를 해결하는 즐거움을 사랑합니다. 그런 사람들은 멘사 회원이 될 가능성이 높습니다.

놀이와 학습의 차이는 무엇일까요? 놀이에는 어떤 목적이 따로 있지 않습니다. 해도 되고 안 해도 되지만, 재미가 있으면 할 이유가 충분한 것이 놀이입니다. 아이들은 재미있게 머리를 쓸 때, 가장 많은 것을 배울 수 있습니다. 만화책이나 그림책을 보면서 배운 것은 시험지를 붙들고 순위 경쟁에 집중하면서 외운 것보다 각인 효과가 훨씬 더 큽니다. 재미로 눈이 반짝이는 아이의 두뇌는 여러 가지 상황을 종합적으로 인지하며 아주 세세한 부분까지도 별도의 노력 없이 암기할 수 있는 상태가 됩니다. 반면 인상을 쓰며 과제를 해 나가는 아이들은 과제가 끝남과 동시에 공부한 내용으로부터 도망치기라도 하듯 빨리 잊어버리고 멀어지려고 합니다.

이 책에 담긴 퍼즐들은 시험 문제가 아닙니다. 반드시 풀어내야만 하는 숙제도 아닙니다. 가볍게 풀어 보고, 잘 안 되면 해답을 읽어 보아도 됩니다. 어떤 문제는 쉽게 풀리지만 어떤 문제는 잘 안 풀립니다. 읽다가 시시해지면 덮어 둘 수도 있고, 시간이 나고 심심할 때 다시 펼쳐 보아도 무방합니다. 누구든지 말장난 같은 문제와 여러 가지 수수께끼들을 붙들고 씨름하며 재치 있게 풀어낼 수 있는 재능을 가지고 있습니다. 그리고 스스로 비슷한 문제를 만들어 볼 수도 있고, 책에 있는 문제를 새롭게 구성할 수도 있습니다. 이런 놀이를 같이 즐길 친구가 필요하다면 멘사에 가입하기를 권합니다.

영재교육전문가
멘사코리아 전(前) 회장
지형범

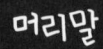 머리말

# 멘사 퍼즐로 수학을 쉽게 공부해요

〈멘사 수학 놀이〉는 수학을 어려워하거나 싫어하는 아이들이 수학을 조금이라도 더 쉽고 재미있게 공부할 수 있도록 도와주는 퍼즐 책이에요. 도형 퍼즐로 공간 감각을, 숫자 퍼즐로 비교하고 어림하는 감각을 기를 수 있습니다. 퍼즐의 핵심인 규칙 찾기 퍼즐로 추론 능력과 문제 해결능력도 키울 수 있어요.

문제마다 난이도를 별 한 개부터 다섯 개로 표시했습니다. 별 한 개짜리 문제부터 풀면서 자신감을 키워 별 다섯 개짜리 퍼즐에 도전해 보세요. 퍼즐을 해결하는 것보다 중요한 것은 수학에 대한 흥미를 잃지 않는 거예요. 어려운 퍼즐은 우리의 친구 '브레인'이 힌트를 줄 테니 걱정하지 마세요. '브레인'의 힌트로 재미있게 퍼즐을 풀다 보면 어느새 수학에 재미도 생기고, 두뇌 계발도 할 수 있습니다.

## 차례

**학부모님께**
아이의 천재성을 깨워 주세요 …4

**머리말**
멘사 퍼즐로 수학을 쉽게 공부해요 …6

멘사란 무엇이죠? …8

문제 …9

해답 …101

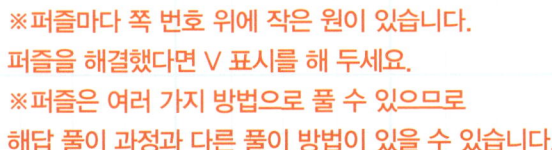

※퍼즐마다 쪽 번호 위에 작은 원이 있습니다.
퍼즐을 해결했다면 V 표시를 해 두세요.
※퍼즐은 여러 가지 방법으로 풀 수 있으므로
해답 풀이 과정과 다른 풀이 방법이 있을 수 있습니다.

# 멘사란 무엇이죠?

이제 여러분은 재미있는 퍼즐을 만날 거예요. 퍼즐 푸는 것을 좋아한다면 멘사도 좋아할 거예요. 멘사란 IQ가 148 이상인 사람만 가입할 수 있는 천재들의 모임이에요. 머리 쓰기를 좋아하는 사람들이 모인 단체이죠. IQ 점수가 전체 인구의 상위 2%에 해당하는 사람은 누구든 멘사 회원이 될 수 있답니다. 멘사는 1946년 영국에서 만들어졌고, 현재는 전 세계적으로 100여 개 나라에 13만여 명이 넘는 회원이 있어요. 1998년에 문을 연 한국 멘사는 '멘사코리아'라는 이름으로 2천여 명이 넘는 회원들이 있답니다.

멘사가 더 궁금하다면 아래 홈페이지를 방문해 보세요.
멘사 가입 절차를 자세히 알 수 있어요.

홈페이지 : www.mensakorea.org

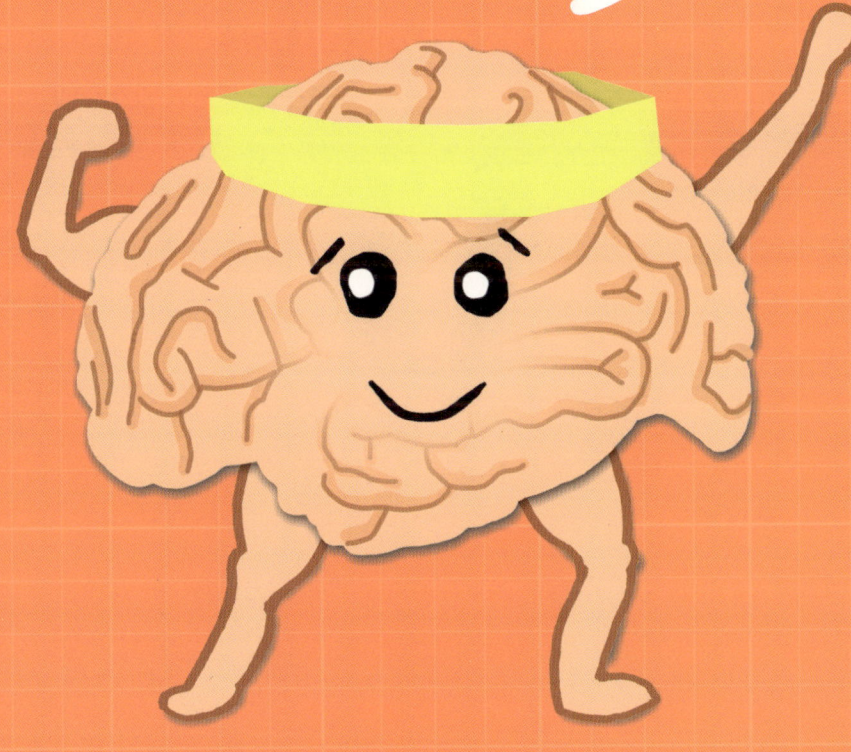

# PUZZLE 1

아래 칸의 $\frac{1}{3}$을 나누어 보세요. 다음으로 $\frac{1}{3}$칸의 $\frac{2}{3}$를 색칠해 보세요. 색칠한 칸의 값은 $\frac{1}{3}$, $\frac{1}{4}$, $\frac{2}{9}$ 중에서 어떤 것일까요?

# PUZZLE 2

왼쪽 맨 아래에 적힌 3부터 출발해서 오른쪽 맨 위에 적힌 3까지 갈 거예요. 3에 도착했을 때 출발점 3과 도착점 3을 포함해서 지나온 숫자 아홉 개를 더해 보세요. 단, 오른쪽이나 위쪽으로만 움직일 수 있어요. 나올 수 있는 가장 작은 숫자는 무엇일까요?

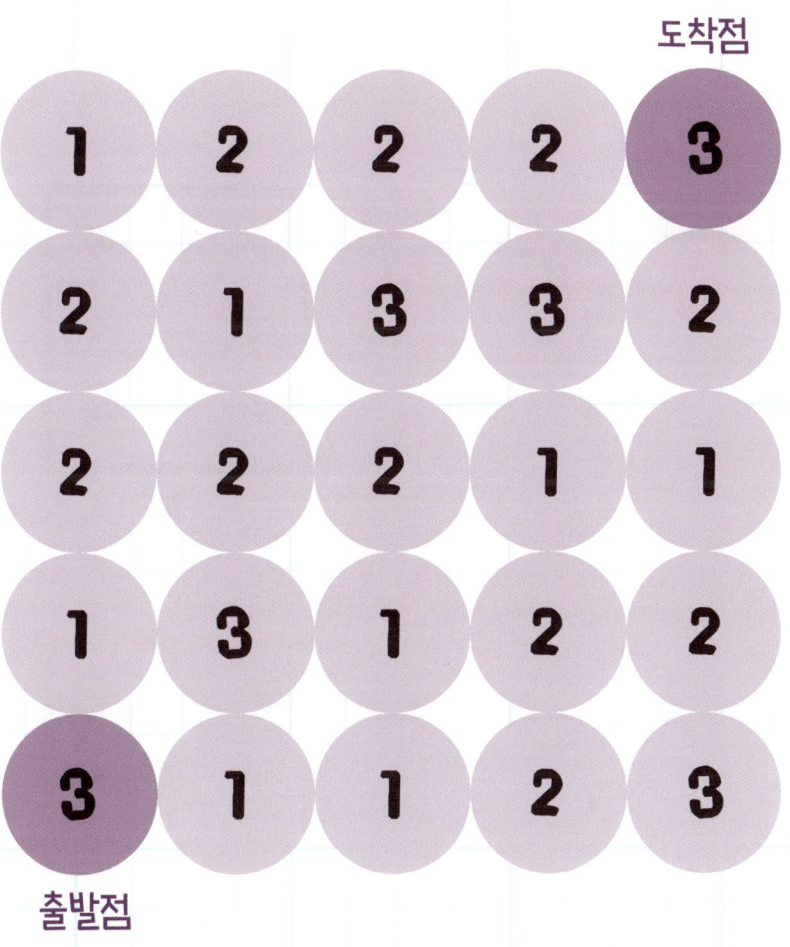

# PUZZLE 3

오른쪽 그림에서 +, −, ×, ÷ 부호들이 맨 위 가로줄 왼쪽 칸 +에서 시작해서 정해진 순서대로 반복되고 있어요. 가로줄 혹은 세로줄을 기준으로 부호가 어떤 순서로 반복되는지 찾아보세요.
오른쪽 그림의 빈칸에 들어갈 표는 A~D 중에서 어떤 것일까요?

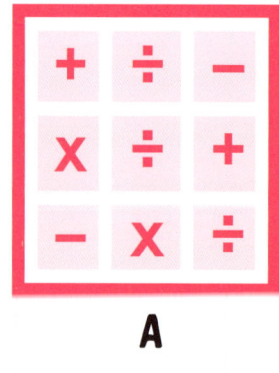

A

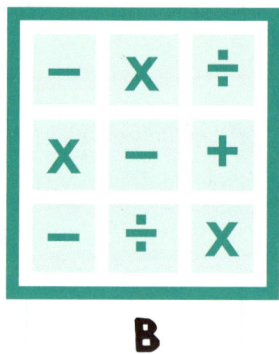

B

C

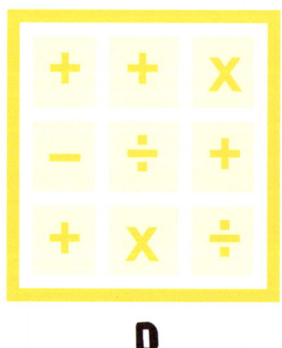

D

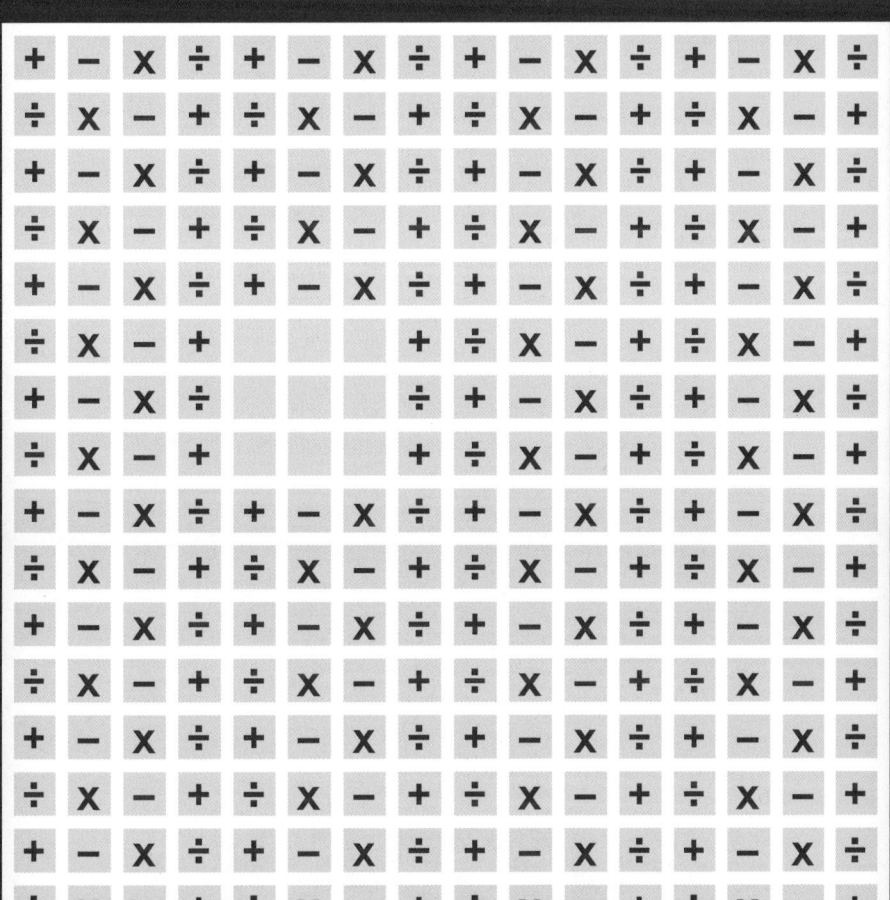
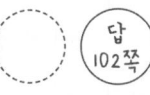

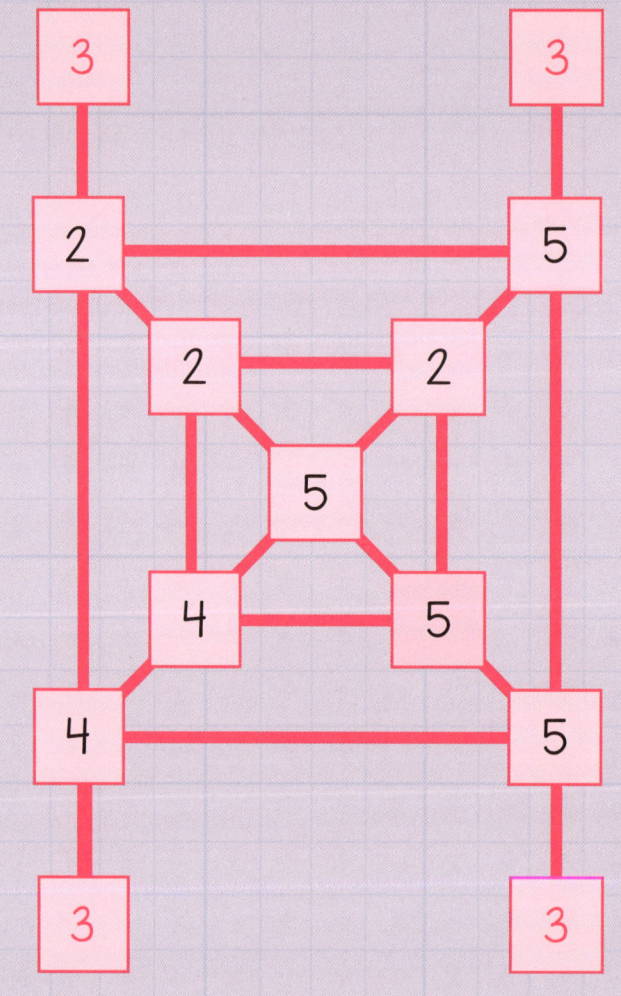

★★★★
# PUZZLE 4

네 모퉁이 중 한 곳에서 출발해서 선을 따라 이동해요.
출발한 숫자를 포함해서 숫자 다섯 개를 연결한 다음 더해 보세요.
나올 수 있는 가장 큰 숫자는 무엇일까요?

# PUZZLE 5

가운데 칸에 1보다 큰 숫자를 적어 보세요. 위아래에 적힌 다른 숫자들을 그 숫자로 나누었을 때 나머지 없이 딱 나누어떨어져야 합니다. 물음표에 들어갈 숫자는 무엇일까요?

# PUZZLE 6

사과 케이크를 만들려면 사과 2개가 필요해요.

사과 4개의 무게가 1kg일 때 사과 몇 개의 무게가 5kg인지 알아보세요.

그 사과들로 몇 개의 사과 케이크를 만들 수 있을까요?

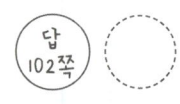

### ★★★
# PUZZLE 7

원에 숫자들이 어떤 규칙에 따라 적혀 있어요.
물음표에 들어갈 숫자는 무엇일까요?

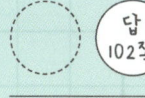

★★★★
# PUZZLE 8

생일 파티가 열렸어요! 생일 파티에 온 친구들은
각자 음료를 마시고 있어요. 친구들의 반은 콜라를 마시고,
콜라를 마시지 않는 친구들의 반은 레모네이드를 마시고 있어요.
나머지 친구들 중에서 6명은 오렌지 주스를, 3명은 물을 마시고 있어요.
생일 파티에는 모두 몇 명의 친구들이 왔을까요?

선분 위에 눈금을 그려서 친구들의 수를 나타내 봐.

# PUZZLE 9

조각들을 맞춰 보면 숫자가 될 거예요.
어떤 숫자일까요?

답
102쪽

# PUZZLE 10

사각형마다 숫자들이 어떤 규칙에 따라 적혀 있어요.
물음표에 들어갈 숫자는 무엇일까요?

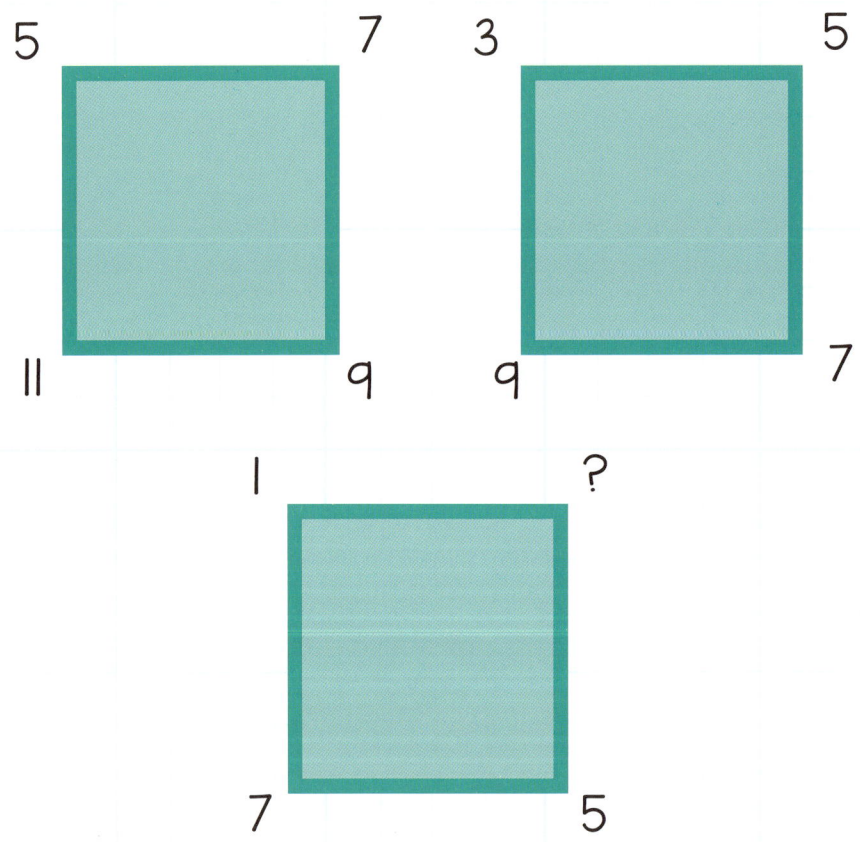

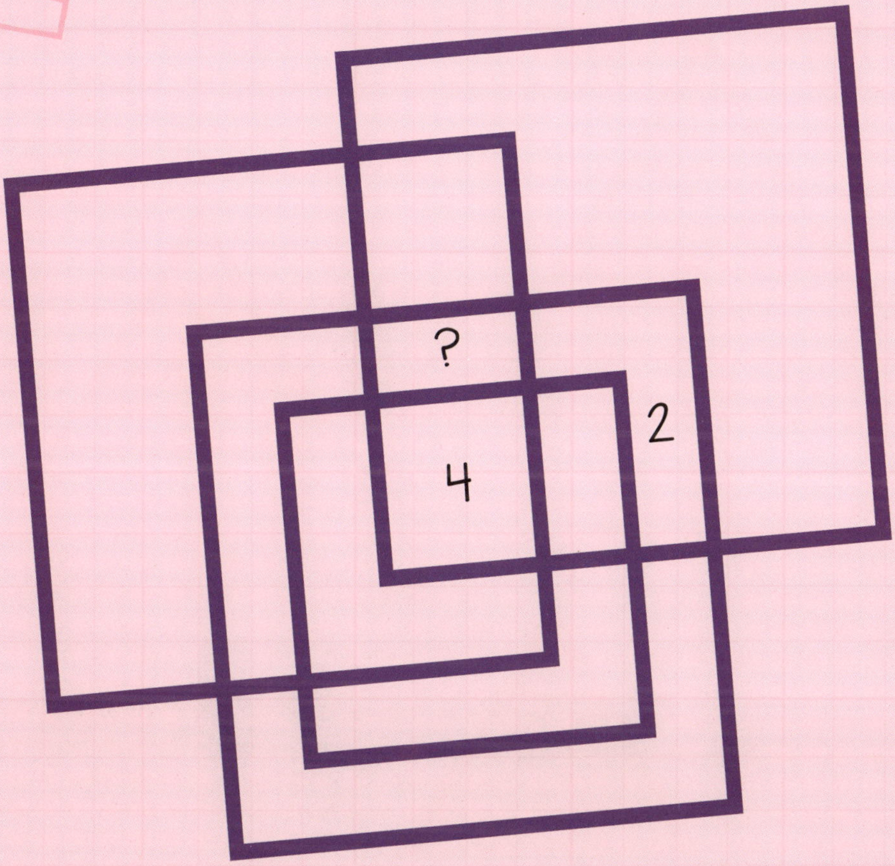


★★★

# PUZZLE 11

숫자들을 잘 살펴보면 규칙을 찾을 수 있어요.

물음표에 들어갈 숫자는 무엇일까요?

답
103쪽

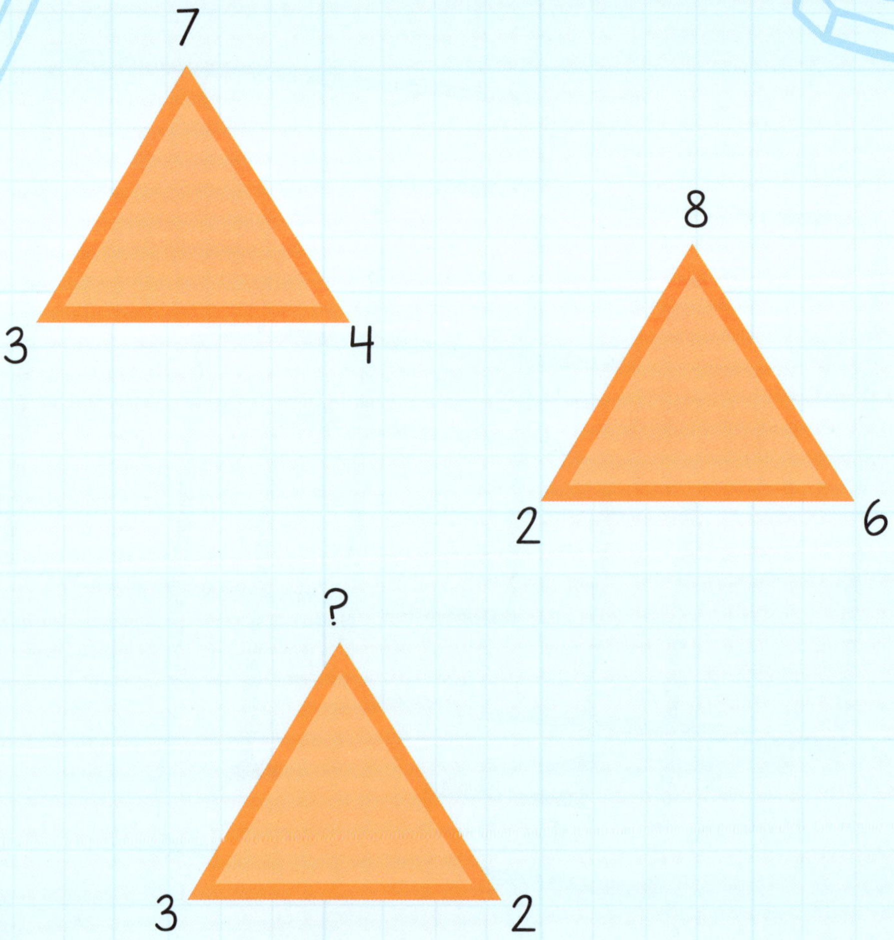

Triangle 1: top 7, bottom-left 3, bottom-right 4
Triangle 2: top 8, bottom-left 2, bottom-right 6
Triangle 3: top ?, bottom-left 3, bottom-right 2

# PUZZLE 12

삼각형마다 숫자들이 어떤 규칙에 따라 적혀 있어요.
물음표에 들어갈 숫자는 무엇일까요?

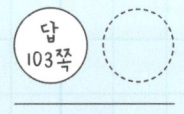

# PUZZLE 13

케이크 조각마다 숫자들을 더하면 같은 숫자가 될 거예요.
케이크 가장자리에 적힌 숫자들을 모두 더하면 32가 됩니다.
빈칸에 들어갈 숫자 세 개는 각각 무엇일까요?

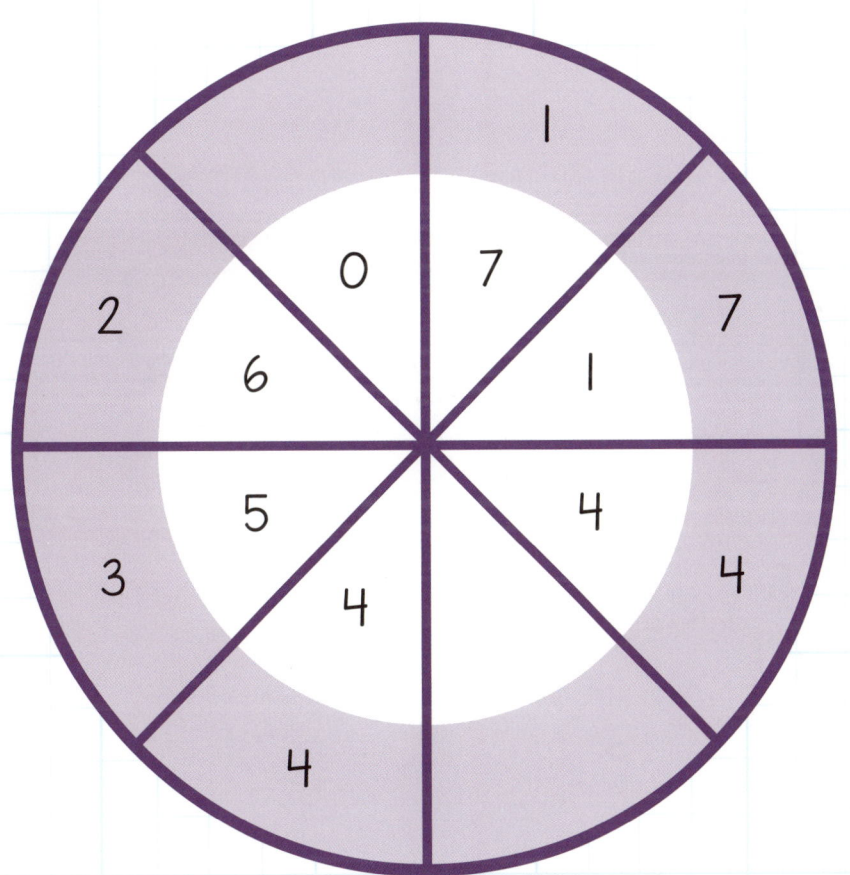

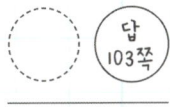

# PUZZLE 14

이 퍼즐은 지금까지 풀어 본 퍼즐과 다른 규칙을 가지고 있어요!
물음표에 들어갈 숫자는 무엇일까요?

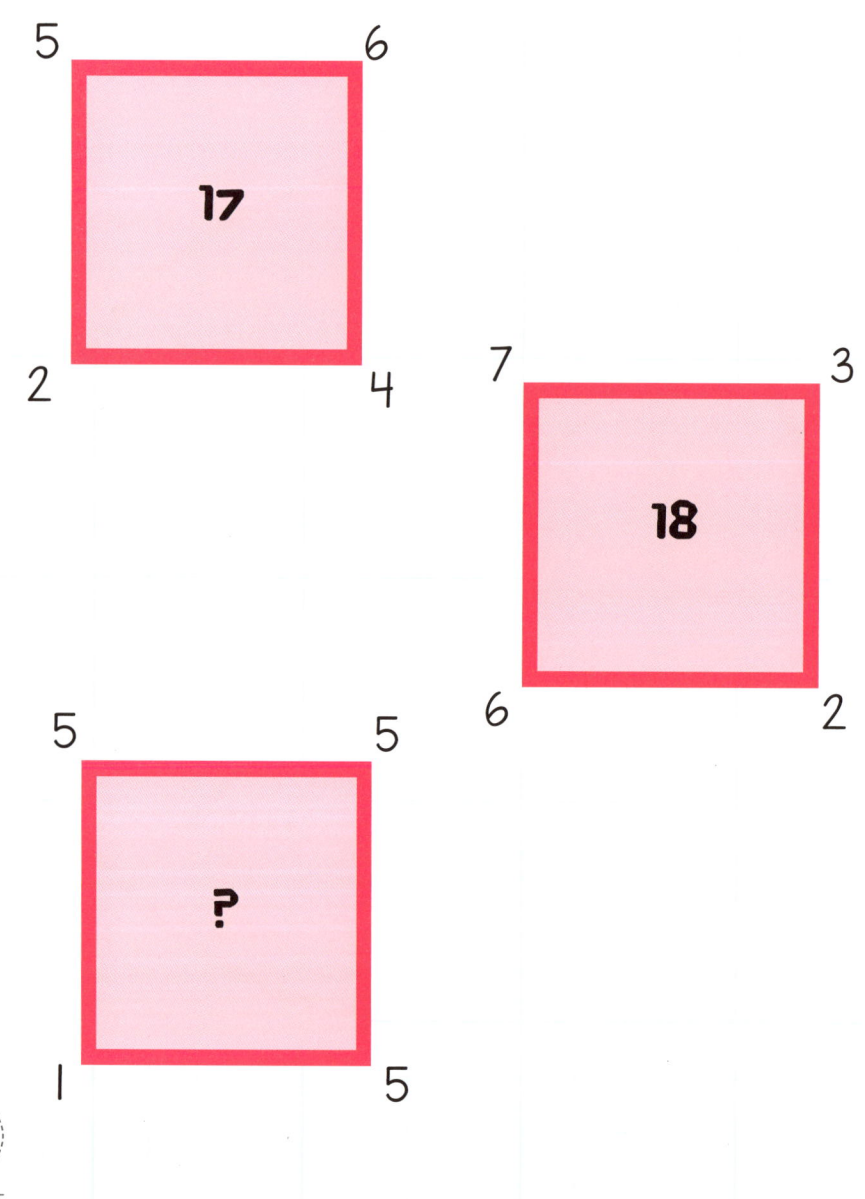

처음에 눌러야 하는 버튼은 위에서 네 번째 가로줄에 있어.

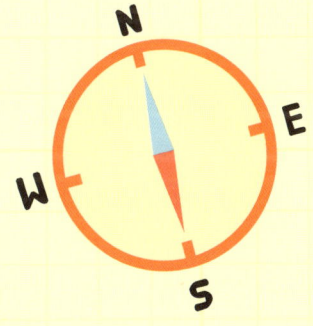

| F | 4E | 1S | 6S | 2W | 6S |
|---|---|---|---|---|---|
| 5S | 1N | 1E | 2E | 4W | 2S |
| 4E | 1W | 3E | 2N | 4S | 2W |
| 2E | 1W | 1S | 2S | 3W | 2S |
| 1E | 3N | 2N | 2E | 1N | 1W |
| 1N | 3N | 2E | 1N | 5N | 5W |
| 6N | 1N | 1N | 1W | 5N | 4W |

★★★★★

# PUZZLE 15

여기 신기한 금고가 있어요.

금고를 열려면 모든 버튼을 정해진 순서대로 한 번씩만 눌러야 합니다. 단, 마지막으로 F 를 눌러야 해요. 각 버튼에 적힌 숫자와 알파벳은 어느 방향으로 몇 칸을 움직여야 하는지 나타내고 있어요.

| 1N : 북쪽(NORTH)으로 한 칸 | 1S : 남쪽(SOUTH)으로 한 칸 |
|---|---|
| 1W : 서쪽(WEST)으로 한 칸 | 1E : 동쪽(EAST)으로 한 칸 |

금고를 열려면 처음에 눌러야 하는 버튼은 어떤 것일까요?

답
103쪽

## PUZZLE 16

한 친구는 자전거를 타면 1시간에 12㎞를 갈 수 있어요.
9㎞ 떨어진 옆 동네에 사는 다른 친구에게 가려면
자전거를 얼마 동안 타야 할까요?

15분 동안 몇 Km를
갈 수 있는지 알아봐.
1시간이 60분이라는 것도
알고 있지?

답
103쪽

## PUZZLE 17

그림에 숫자들이 어떤 규칙에 따라 적혀 있어요.
물음표에 들어갈 숫자는 무엇일까요?

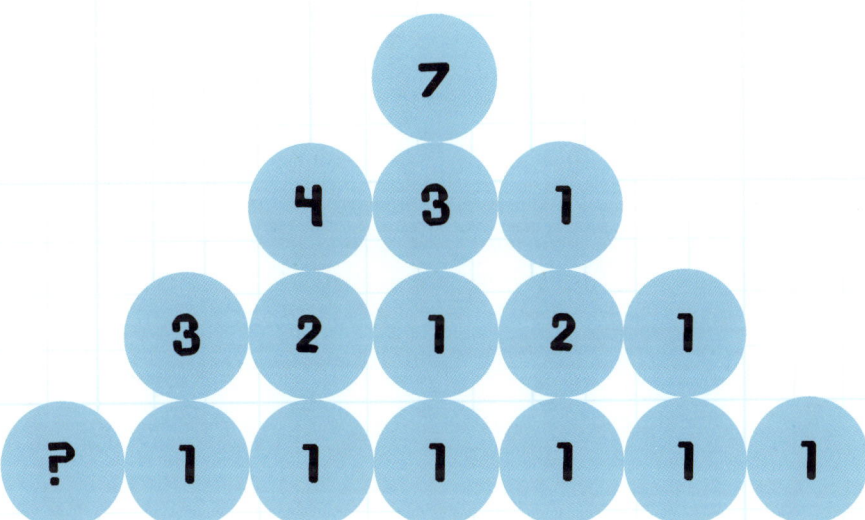

# PUZZLE 18

원에 숫자들이 어떤 규칙에 따라 적혀 있어요.
물음표에 들어갈 숫자는 무엇일까요?

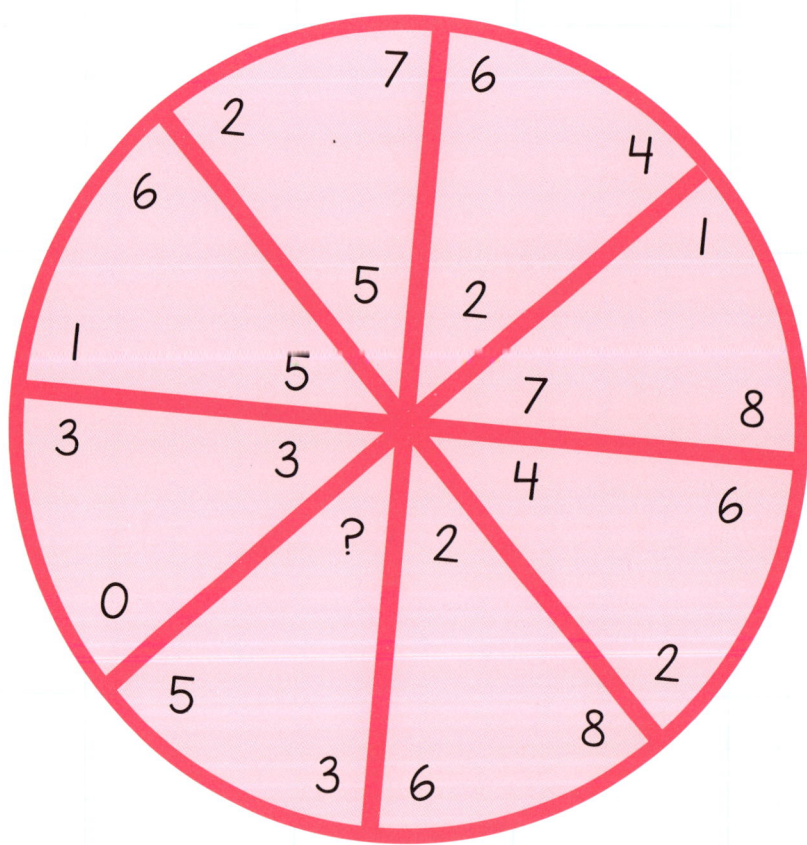

★★★★★
# PUZZLE 19

베녹스 별나라에서는 1V, 2V, 5V, 10V, 20V, 50V짜리 동전을 사용해요. 별나라에 사는 한 친구가 은행에 306V를 저금하려고 네 종류의 동전을 같은 개수로 가지고 왔어요. 어떤 동전을 몇 개씩 가지고 왔을까요?

> 놀랍게도 이 친구는 각 동전을 10개보다 많이 가져왔다고 해. 동전의 종류와 개수를 바꿔서 더해 봐.

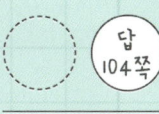

# PUZZLE 20

A=13, B=AAA, A+B=C일 때 C는 얼마일까요?

# PUZZLE 21

이마에 뿔이 달린 유니콘이에요. A에서 시작해 유니콘의 몸 위에 적힌 숫자들을 지나 B까지 갈 거예요. 지나온 숫자들을 모두 더했을 때 나올 수 있는 가장 작은 숫자는 무엇일까요?

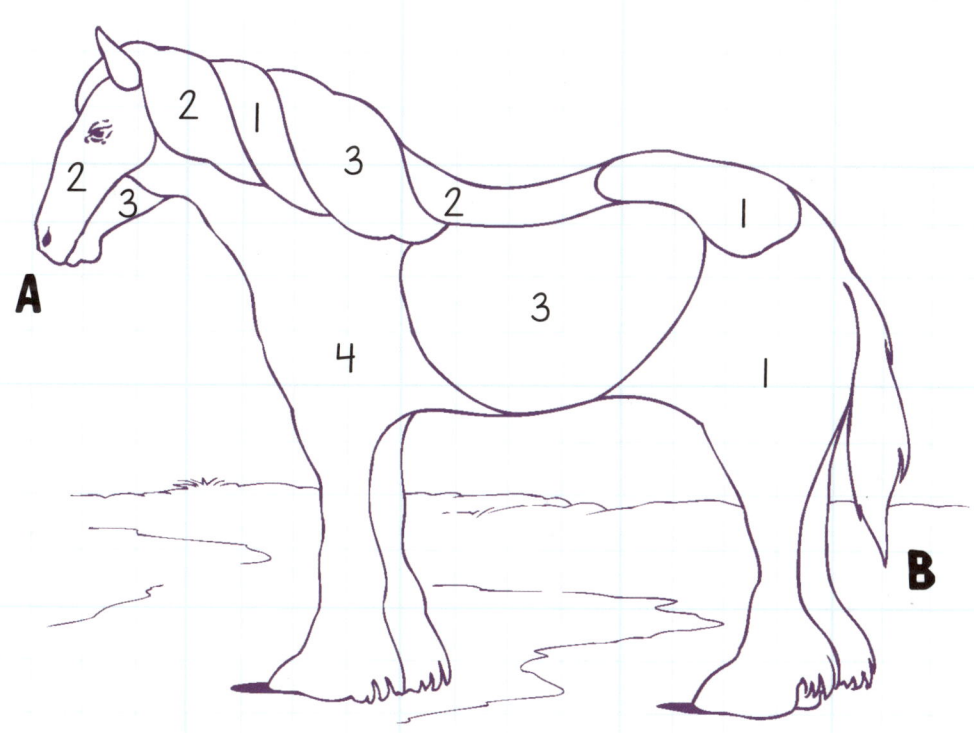

# PUZZLE 22

시계 사이에는 규칙이 있어요.
마지막 시계의 시침과 분침은 몇 시 몇 분을 가리켜야 할까요?

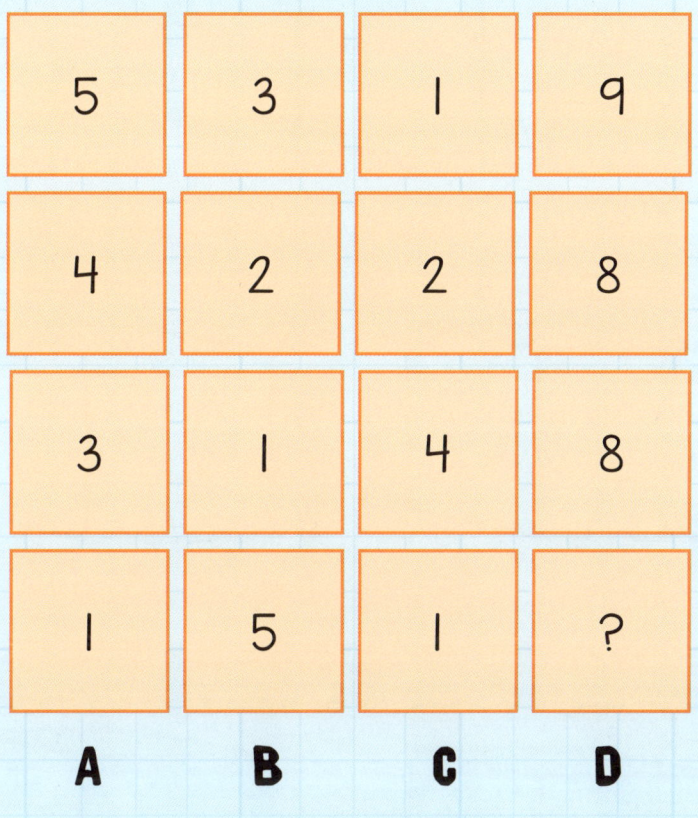

### PUZZLE 23

세로줄 D와 세로줄 A, B, C의 숫자들 사이에는 규칙이 있어요.
물음표에 들어갈 숫자는 무엇일까요?

# PUZZLE 24

상자 A~E 중에서 하나만 달라요. 어떤 상자일까요?

# PUZZLE 25

왼쪽 맨 아래에 적힌 4부터 출발해서 화살표를 따라 오른쪽 맨 위에 적힌 3까지 갈 거예요. 3에 도착했을 때 출발점 4와 도착점 3을 포함해서 지나온 숫자 다섯 개를 더해 보세요. 단, 초록색 원을 지날 때마다 1을 빼야 해요. 나올 수 있는 가장 큰 숫자는 무엇일까요?

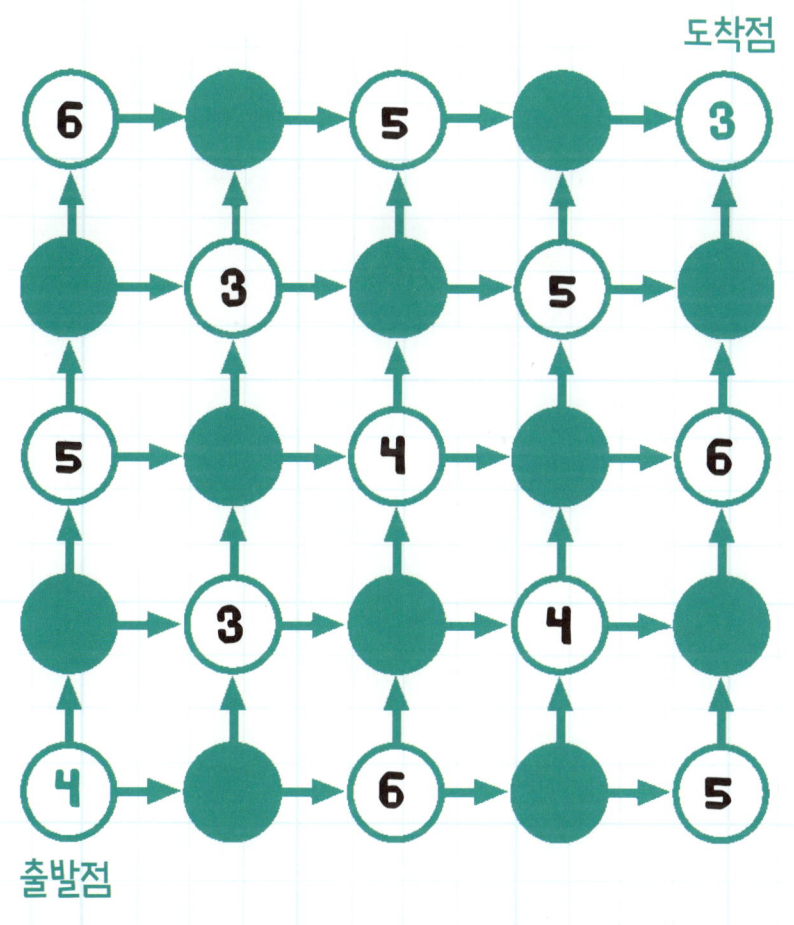

# PUZZLE 26

칸에 숫자들이 어떤 규칙에 따라 적혀 있어요.
물음표에 들어갈 숫자는 무엇일까요?

| 12 | 21 | 36 | 63 | 45 | ? |

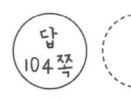

## PUZZLE 27

표에 그려진 네 가지 기호는 서로 다른 숫자를 뜻해요. 가로줄, 세로줄마다 기호가 뜻하는 숫자를 모두 더한 값은 표의 아래쪽과 오른쪽에 적혀 있어요. 물음표에 들어갈 숫자는 무엇일까요?

가로줄, 세로줄에서 한 가지 기호로만 이루어진 식을 먼저 찾아봐. 하나씩 찾다 보면 나머지 기호들의 값을 알 수 있어.

답
104쪽

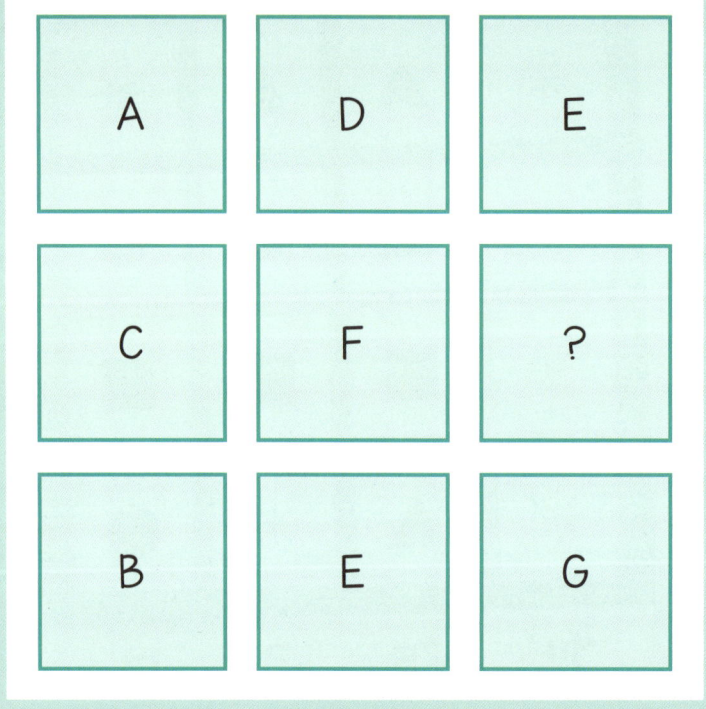

### PUZZLE 28

알파벳들이 어떤 규칙에 따라 적혀 있어요.
빠진 알파벳이 하나 있네요. 물음표에 들어갈 알파벳은
K, G, I 중에서 어떤 것일까요?

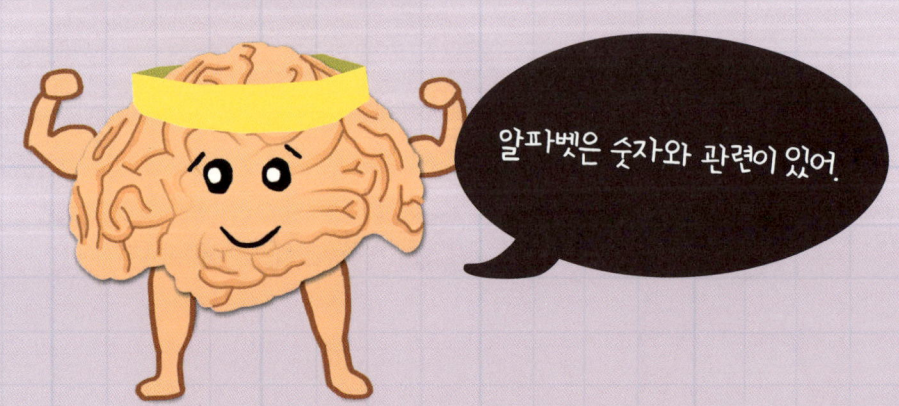

알파벳은 숫자와 관련이 있어.

## PUZZLE 29

칸 속에 있어야 할 사칙연산 부호가 사라졌어요!
같은 부호를 여러 번 사용할 수 있습니다.
물음표에는 어떤 부호가 들어가야 할까요?

| 6 | ? | 3 | ? | 4 | ? | 2 | = | 8 |

+, ÷를 사용해서 풀어 봐.

답 105쪽

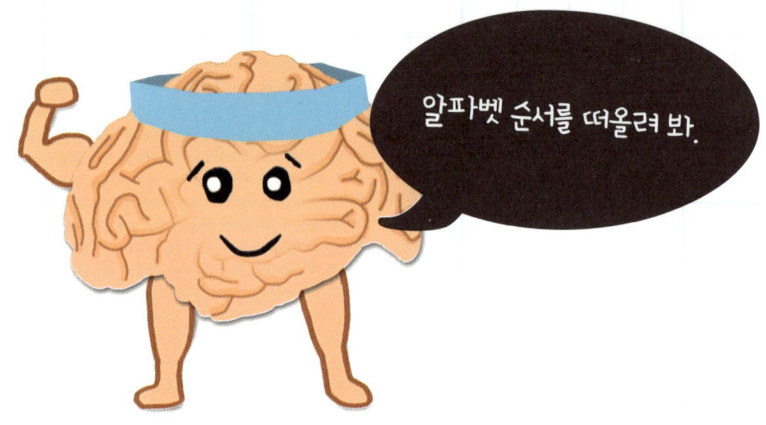

## PUZZLE 30

알파벳들이 어떤 규칙에 따라 적혀 있어요.
빠진 알파벳이 하나 있네요. 물음표에 들어갈 알파벳은
A, R, Q 중에서 어떤 것일까요?

# PUZZLE 31

화살표를 따라가면서 가장 긴 길을 찾아보세요. 출발은 어디서나 할 수 있습니다. 가장 긴 길은 출발점과 도착점을 포함해서 모두 몇 개의 칸을 지나갈까요?

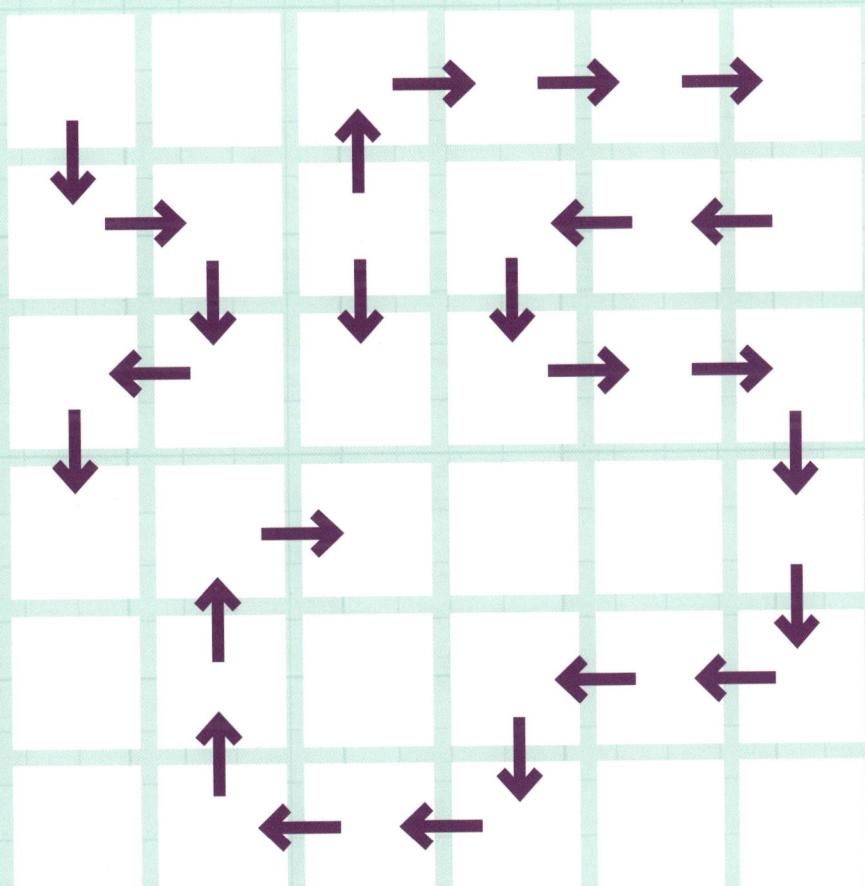

# PUZZLE 32

오른쪽 그림에서 알파벳들이 정해진 순서대로 반복되고 있어요.
맨 위 가로줄 왼쪽 칸 A에서 시작해서
A, B, C, A, A, B, B, C, C, A, A, A, B, B, B, C, C, C
순서대로 이어집니다.
마지막으로 맨 아래 가로줄 오른쪽 칸 A에 도착해요.
오른쪽 그림의 빈칸에 들어갈 표는 A~C 중에서 어떤 것일까요?

| B A A | A B A | B B B |
| C B C | C C C | C C C |
| B C A | A C B | A B A |
|   A   |   B   |   C   |

42

순서대로 선을 이어서 그려 봐.

# PUZZLE 33

깃발에 숫자 하나가 숨어 있어요.
어떤 숫자일까요?

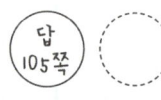

# PUZZLE 34

한가운데에 있는 2에서 출발해서 숫자 네 개를 연결할 거예요.
위아래나 양옆에 맞닿아 있는 숫자로 이동할 수 있어요.
숫자 네 개를 모두 더했을 때 12가 나와야 합니다.
12가 되는 길은 모두 몇 가지일까요?

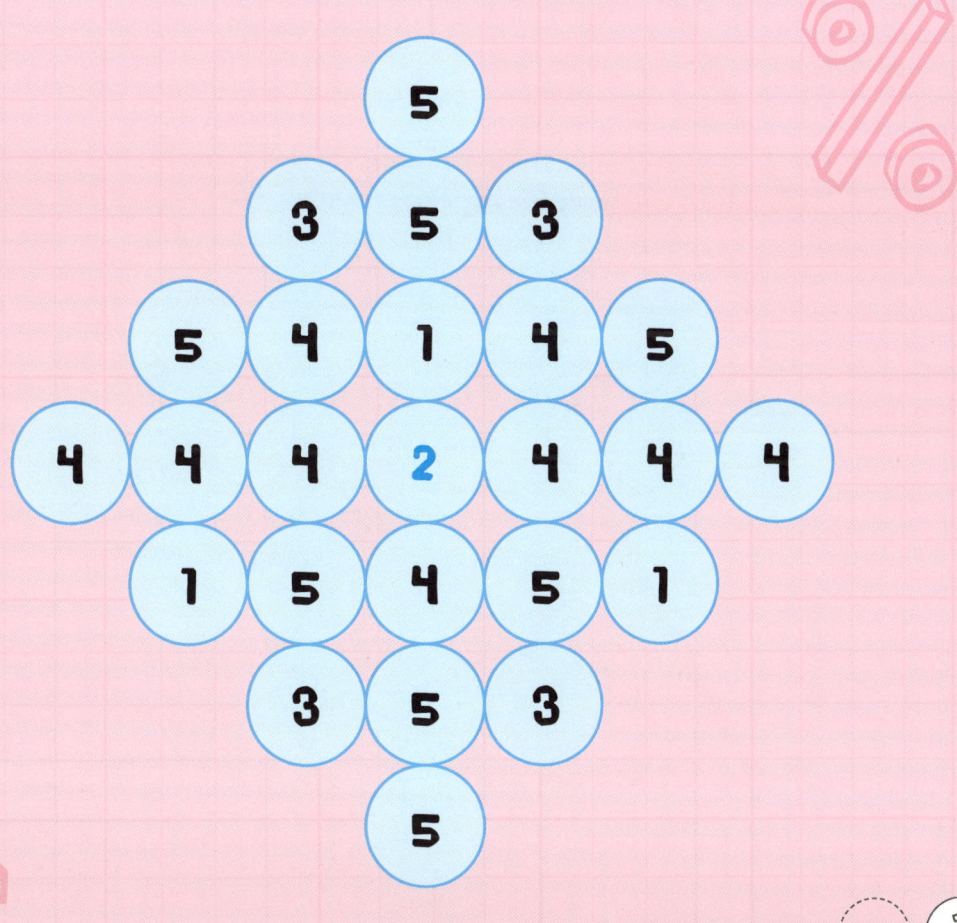

# PUZZLE 35

삼각형마다 숫자들이 어떤 규칙에 따라 적혀 있어요.
물음표에 들어갈 숫자는 무엇일까요?

꼭짓점에 적힌 숫자들을
잘 살펴보면 규칙을 찾을 수 있어.

답 105쪽

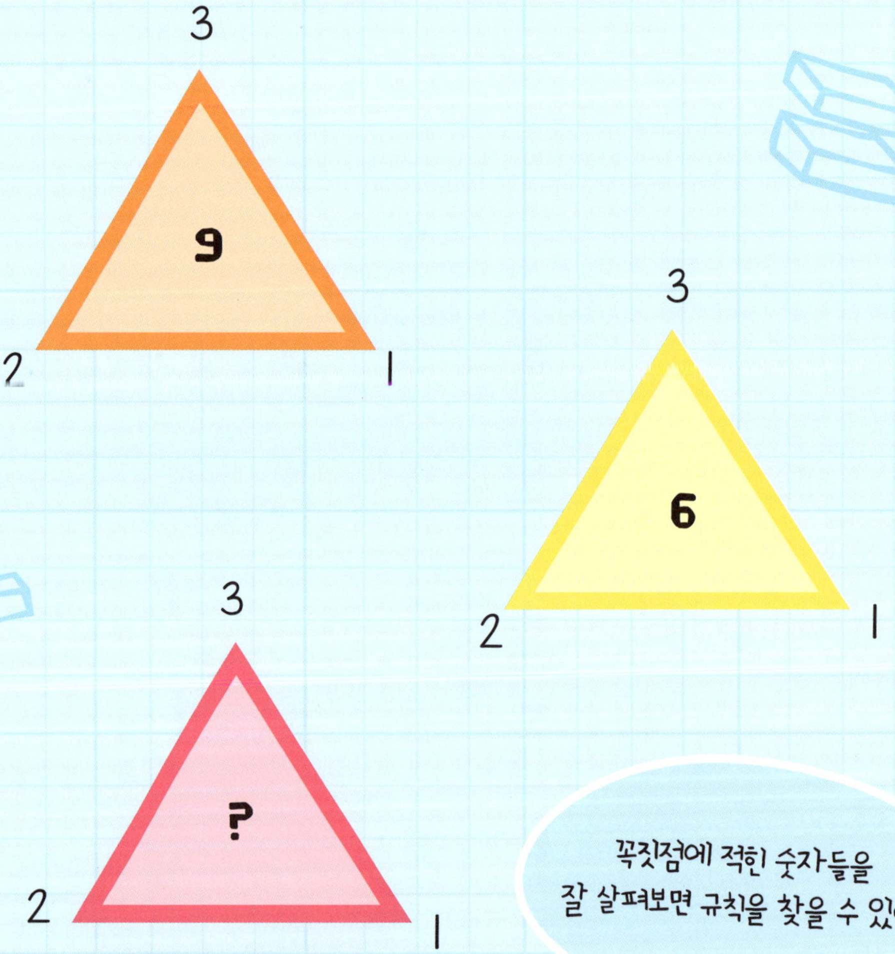

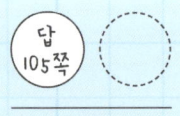

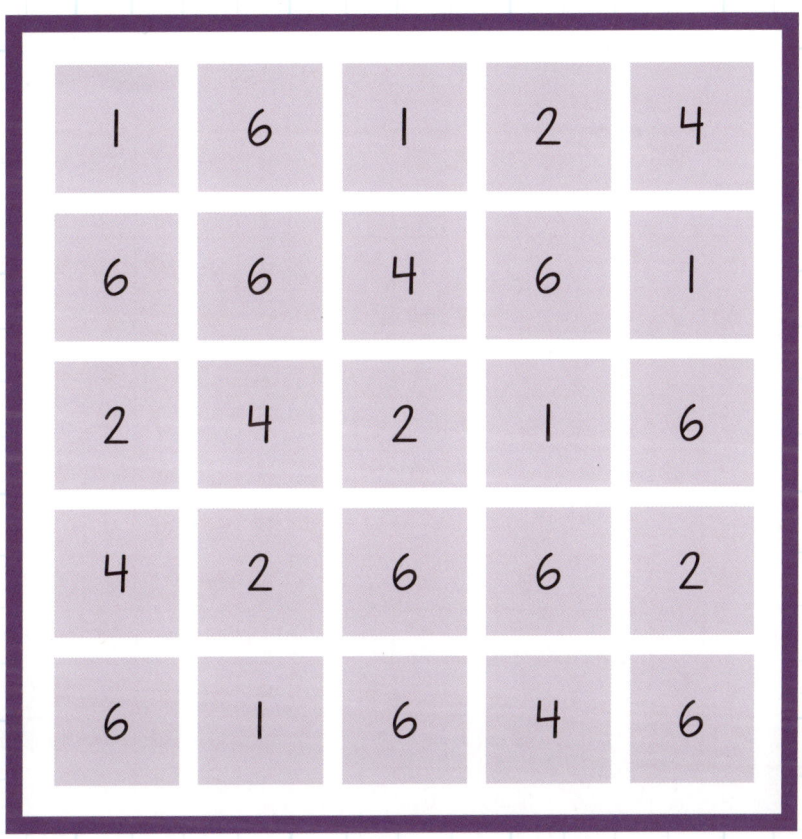

# PUZZLE 36

선을 그어 상자를 다섯 조각으로 나누어 보세요.

단, 조각에 들어 있는 숫자들을 더한 값이 모두 같아야 합니다.

상자를 어떻게 나누어야 할까요?

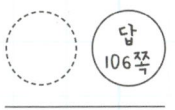

네 모퉁이 중 한 곳에서 시작해.

★★★★★
# PUZZLE 37

표에서 무늬들이 정해진 순서대로 반복되고 있어요.
가로줄 혹은 세로줄을 기준으로 무늬가 어떤 순서로 반복되는지
찾아보세요. 빈칸에 들어갈 무늬는 무엇일까요?

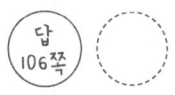

# PUZZLE 38

저울은 모두 균형을 이루고 있어요.
물음표에 들어갈 A는 몇 개일까요?

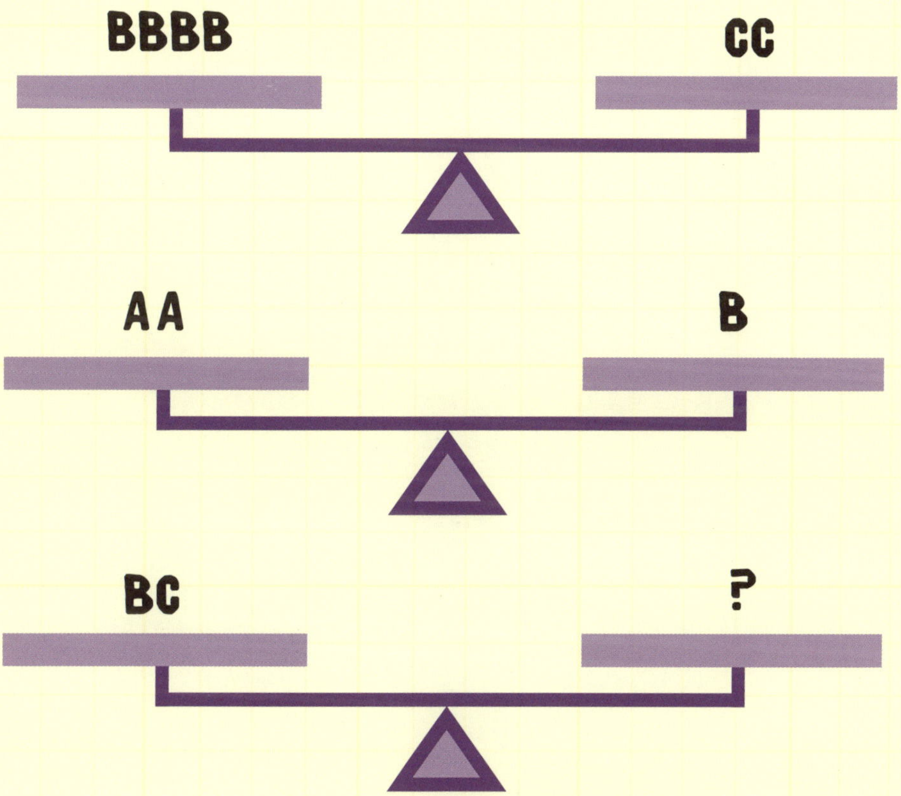

BBBB = CC

AA = B

BC = ?

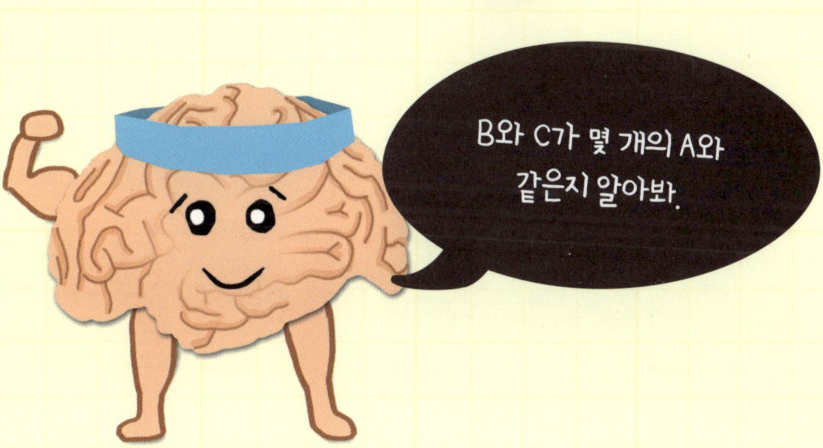

B와 C가 몇 개의 A와 같은지 알아봐.

# PUZZLE 39

별에 적힌 숫자들을 물음표에 들어갈 숫자로 나누면
딱 나누어떨어집니다.
물음표에 들어갈 숫자는 무엇일까요?

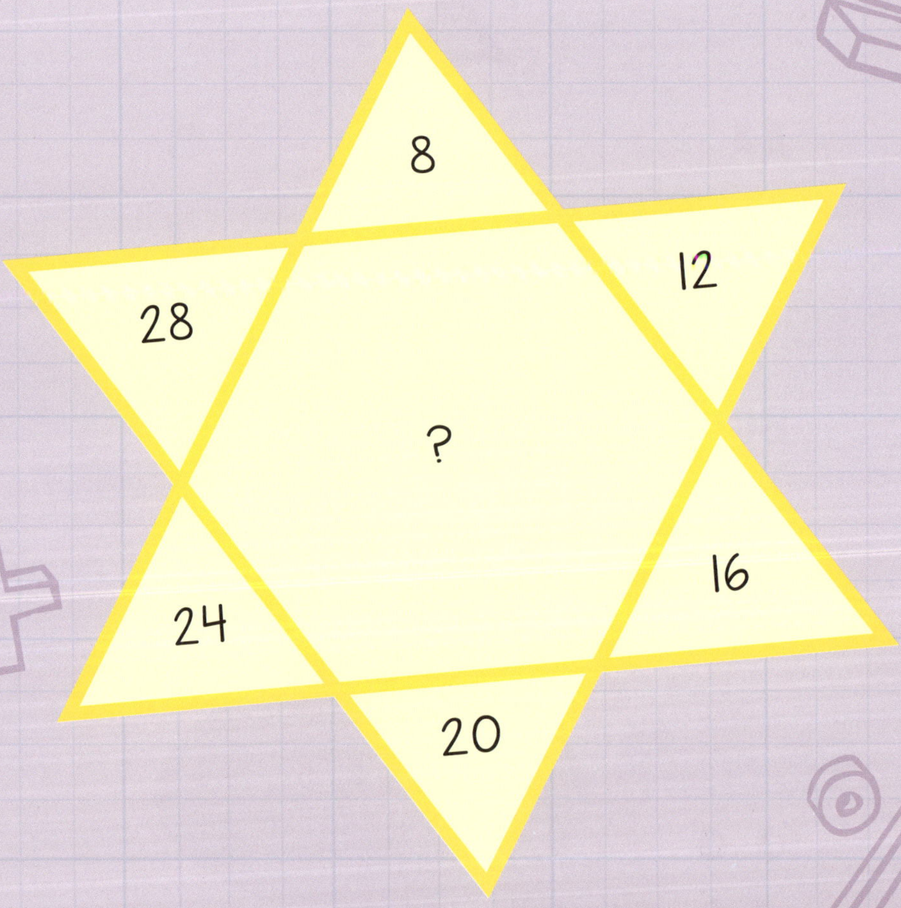

- 8
- 28
- 12
- ?
- 24
- 16
- 20

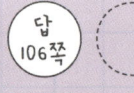

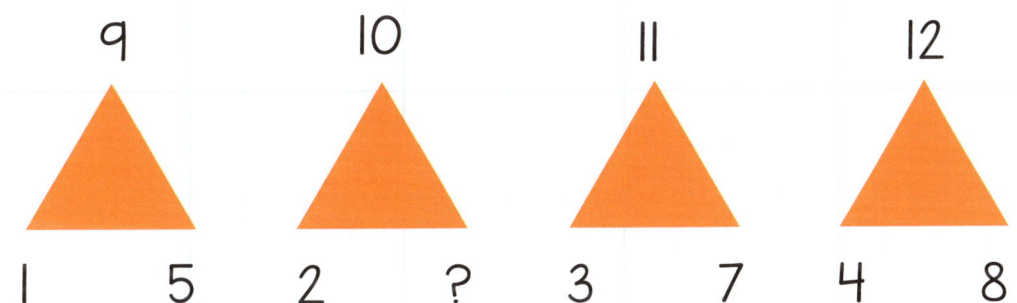

## PUZZLE 40

삼각형마다 숫자들이 어떤 규칙에 따라 적혀 있어요.
물음표에 들어갈 숫자는 무엇일까요?

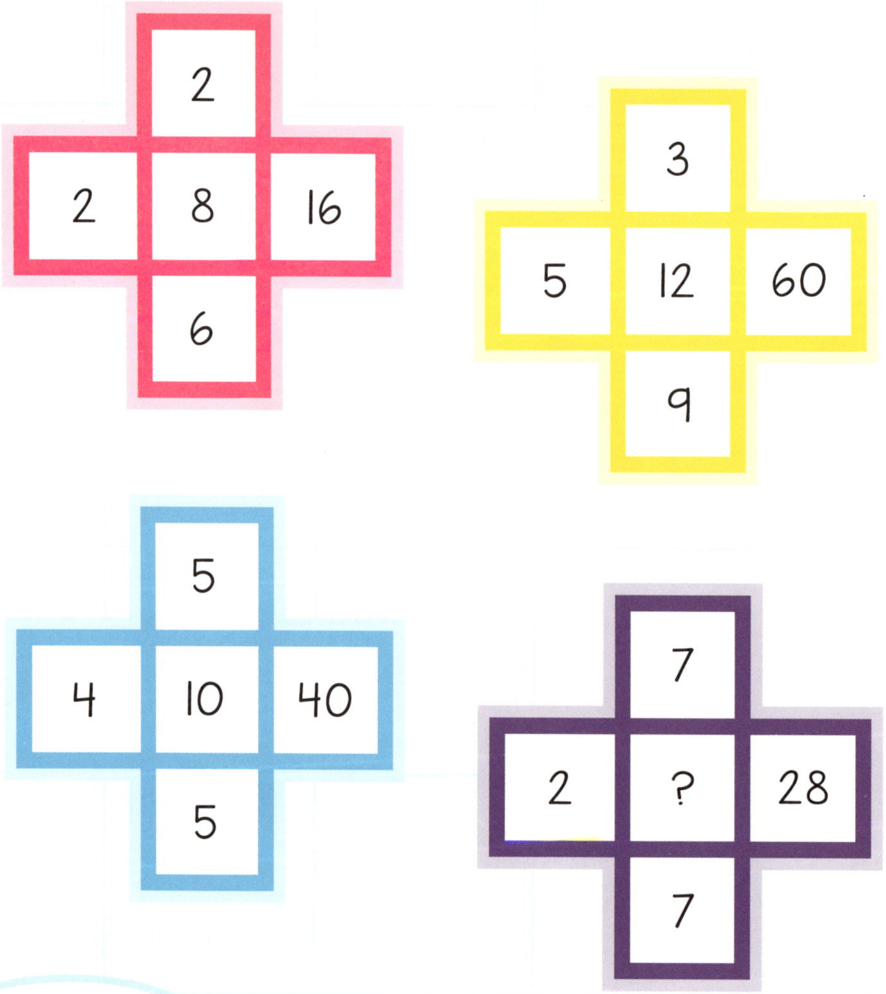

十자 모양 도형들:
- 빨강: 위 2, 왼쪽 2, 가운데 8, 오른쪽 16, 아래 6
- 노랑: 위 3, 왼쪽 5, 가운데 12, 오른쪽 60, 아래 9
- 파랑: 위 5, 왼쪽 4, 가운데 10, 오른쪽 40, 아래 5
- 보라: 위 7, 왼쪽 2, 가운데 ?, 오른쪽 28, 아래 7

숫자들은 서로 관련이 있어.

★★★

# PUZZLE 41

도형마다 숫자들이 어떤 규칙에 따라 적혀 있어요.
물음표에 들어갈 숫자는 무엇일까요?

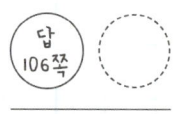

52

# PUZZLE 42

여러 칸 중에서 두 칸이 서로 같은 숫자를 가지고 있어요.
두 칸은 어디에 있을까요?

|   | A | B | C | D |
|---|---|---|---|---|
| 1 | 2 3 1 | 1 3 1 | 2 2 2 | 1 3 6 |
| 2 | 4 2 4 | 6 4 5 | 2 2 2 | 3 4 2 |
| 3 | 3 3 4 | 6 3 1 | 5 6 5 | 1 1 1 |
| 4 | 3 3 3 | 2 4 2 | 3 4 1 | 5 5 5 |

답 106쪽

# PUZZLE 43

원에 숫자들이 어떤 규칙에 따라 적혀 있어요.
물음표에 들어갈 숫자는 무엇일까요?

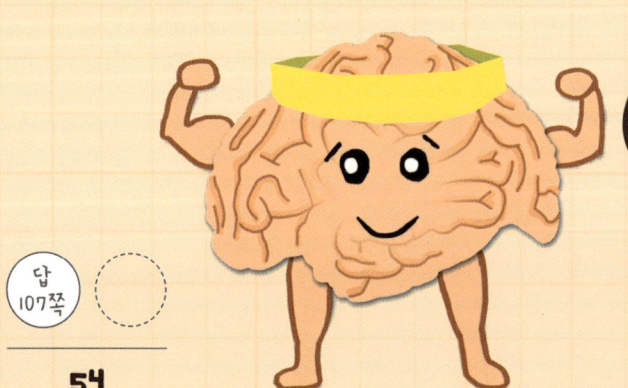

한 조각의 숫자들과 반대쪽 조각의 숫자들 사이에는 규칙이 있어.

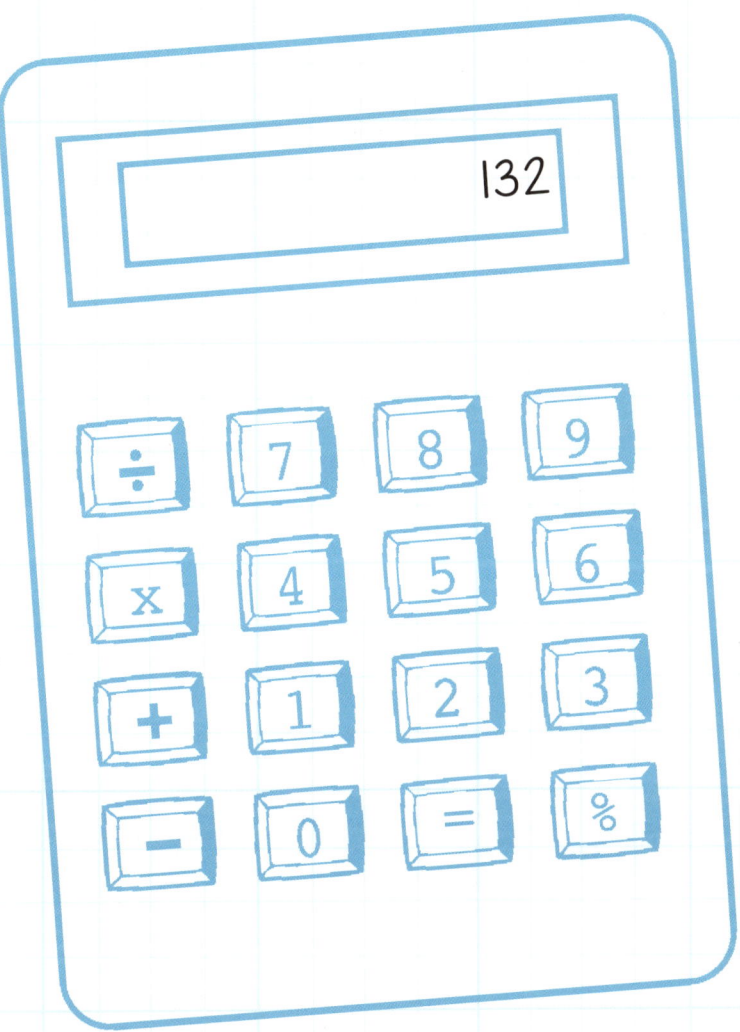

## PUZZLE 44

계산기에 보이는 132를 두 자리 숫자로 나누어서 11로 만들어야 합니다. 어떤 숫자로 나누어야 할까요?

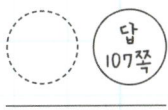

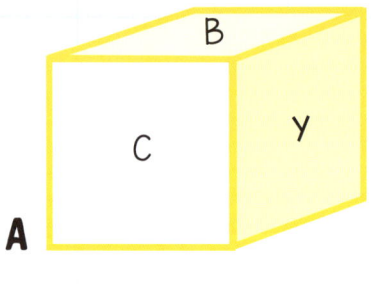
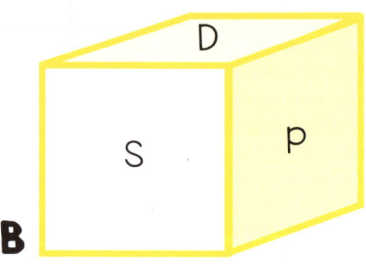
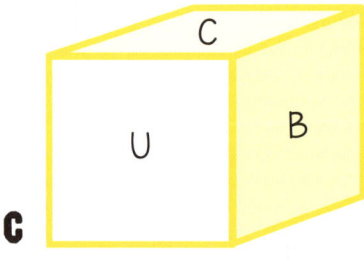
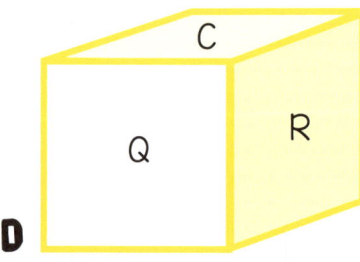
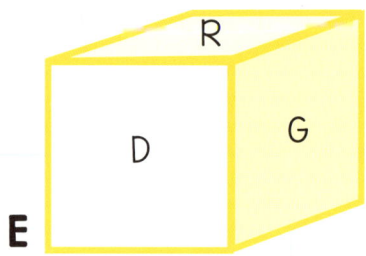
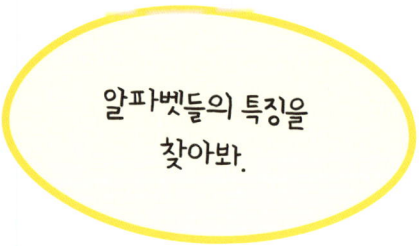

알파벳들의 특징을 찾아봐.

# PUZZLE 45

상자 A~E 중에서 하나만 달라요. 어떤 상자일까요?

# PUZZLE 46

가로, 세로, 대각선으로 숫자 다섯 개를 더했을 때 합이 같아야 합니다. 빈칸을 채워 표를 완성해 보세요. 빈칸에는 숫자 두 개만 쓸 수 있어요. 어떤 숫자일까요?

> 가로, 세로, 대각선 줄에서 빈칸이 하나인 줄의 숫자부터 채워 봐.

| 3 |   | 3 | 0 | 3 |
|---|---|---|---|---|
|   | 3 | 3 | 3 |   |
| 3 | 3 | 3 | 3 | 3 |
|   | 3 | 3 | 3 |   |
| 3 |   | 3 |   | 3 |

# PUZZLE 47

별에 적힌 숫자와 물음표에 들어갈 숫자 사이에는 규칙이 있어요.
물음표에 들어갈 숫자는 무엇일까요?

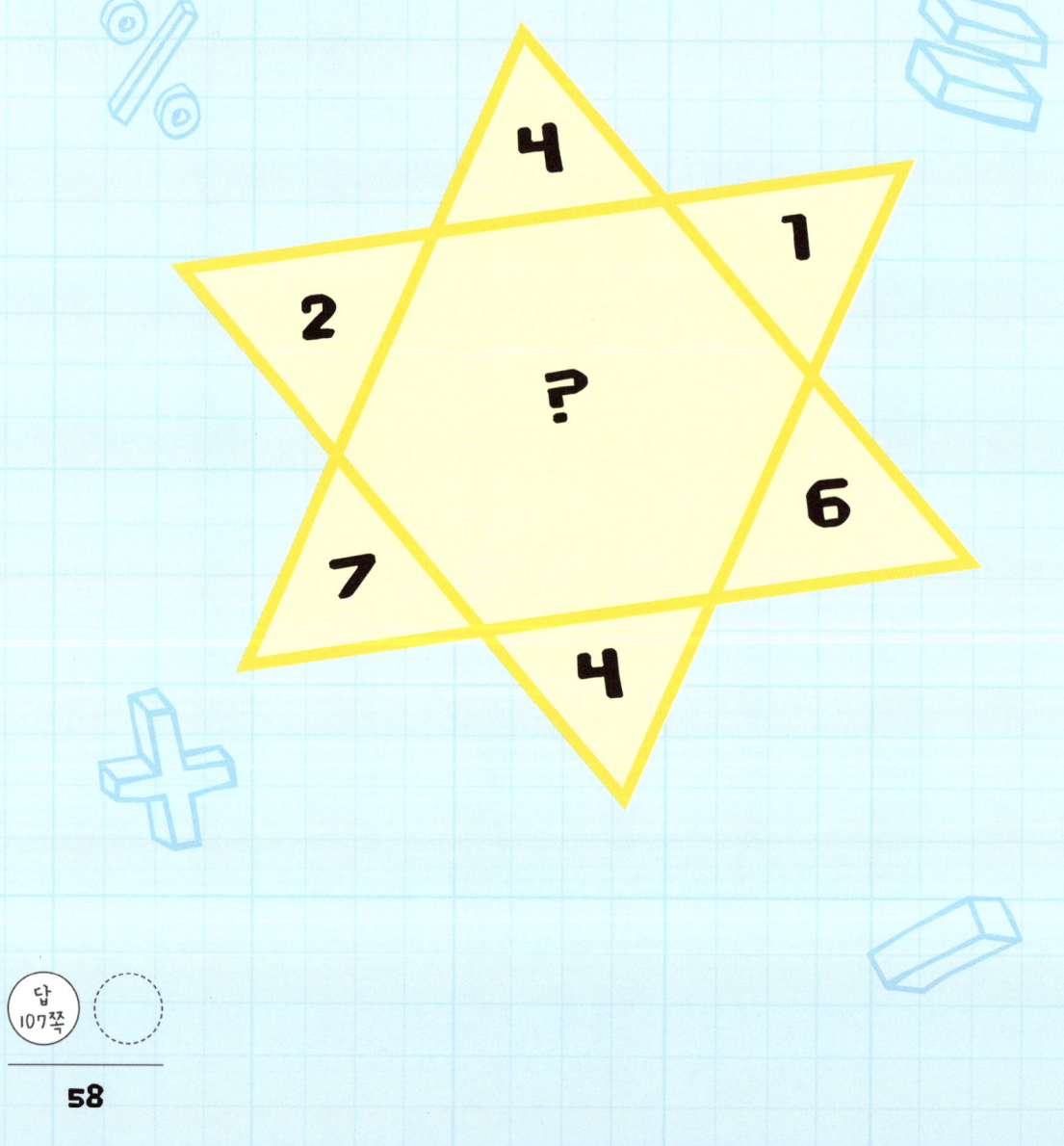

# PUZZLE 48

생일 케이크를 네 조각으로 잘랐어요.
조각들을 맞추면 오늘 생일인 사람의 나이를 알 수 있어요!
몇 살일까요?

# PUZZLE 49

알파벳들이 어떤 규칙에 따라 적혀 있어요.
물음표에 들어갈 알파벳은 F, S, B 중에서 어떤 것일까요?

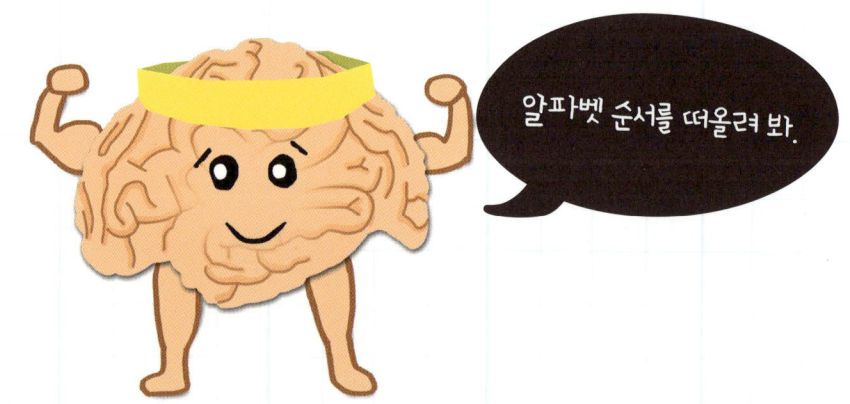

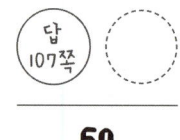

# PUZZLE 50

우주선을 발사하려면 숫자 하나가 필요해요.
우주선에 적힌 숫자들을 그 숫자로 나누었을 때 나머지 없이
딱 나누어떨어져야 합니다. 어떤 숫자가 필요할까요?

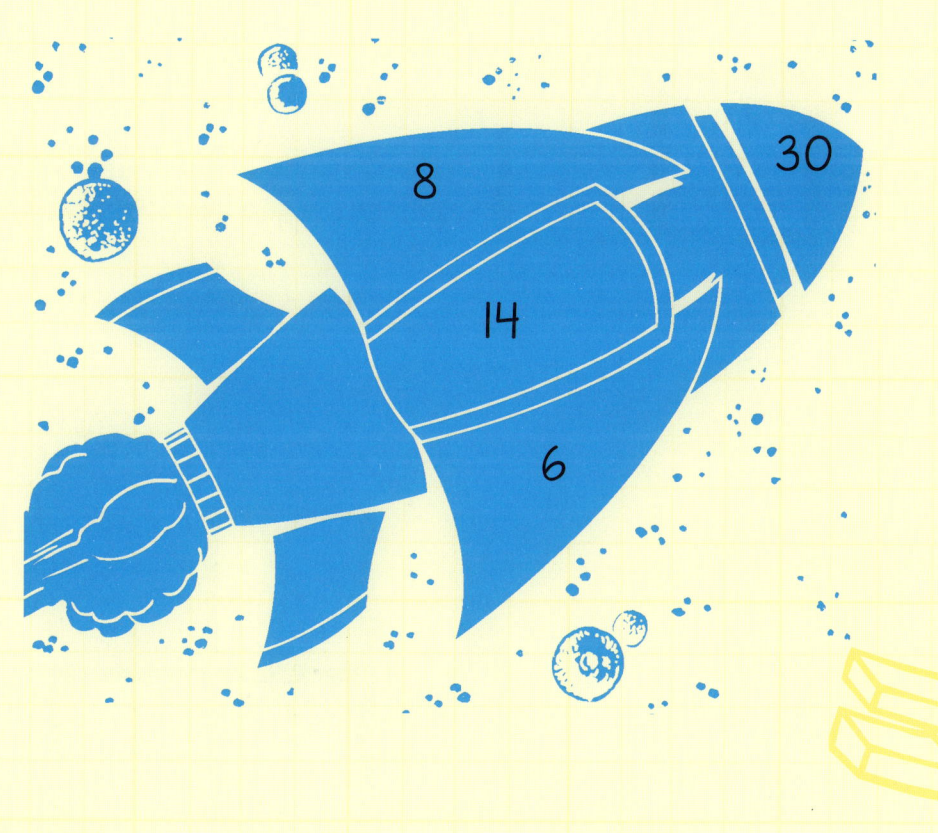

# PUZZLE 51

도형마다 숫자들이 어떤 규칙에 따라 적혀 있어요.
물음표에 들어갈 숫자는 무엇일까요?

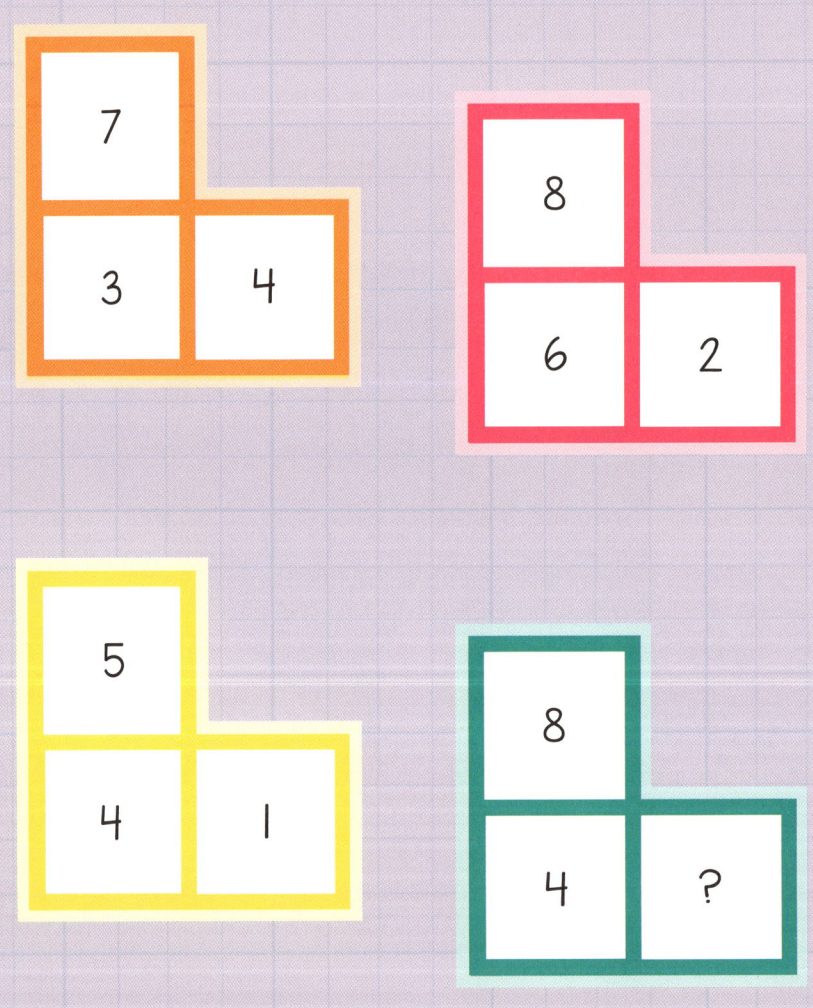

| 1 | 4 | 7 | 10 | 13 | ? | 19 |

## PUZZLE 52

칸에 숫자들이 어떤 규칙에 따라 적혀 있어요.
물음표에 들어갈 숫자는 무엇일까요?

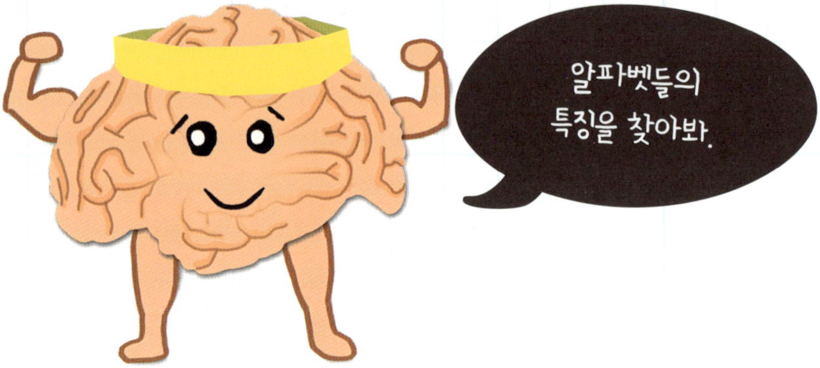

알파벳들의 특징을 찾아봐.

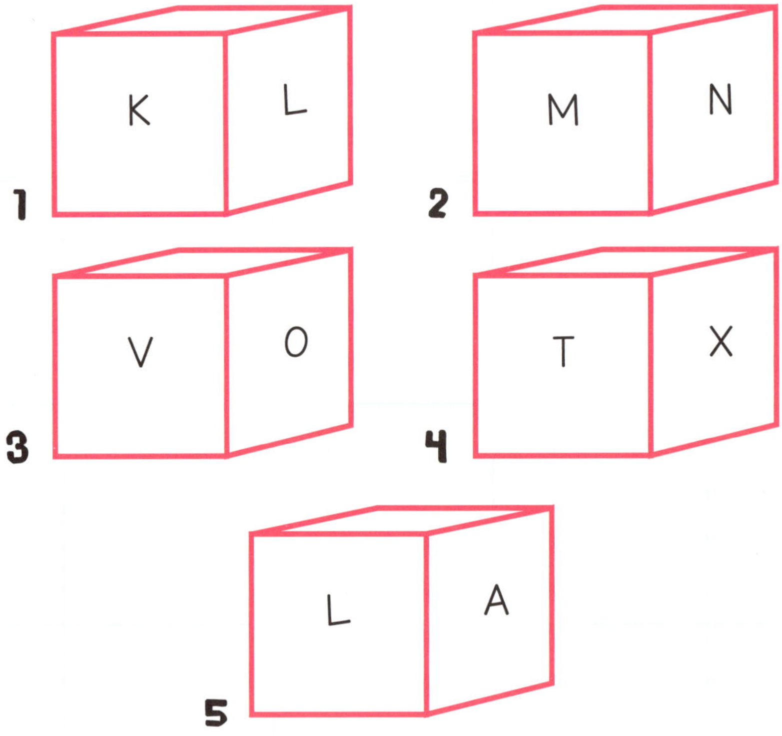

1. K L
2. M N
3. V O
4. T X
5. L A

★★★
# PUZZLE 53

상자 A~E 중에서 다른 상자가 하나 있어요. 어떤 상자일까요?

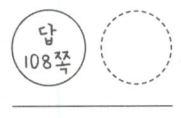

# PUZZLE 54

꼬리에 뾰족한 가시가 있는 스테고사우루스예요.
스테고사우루스의 몸에 적힌 숫자 4는 모두 몇 개일까요?

# PUZZLE 55

도형마다 숫자들이 어떤 규칙에 따라 적혀 있어요.
물음표에 들어갈 숫자는 무엇일까요?

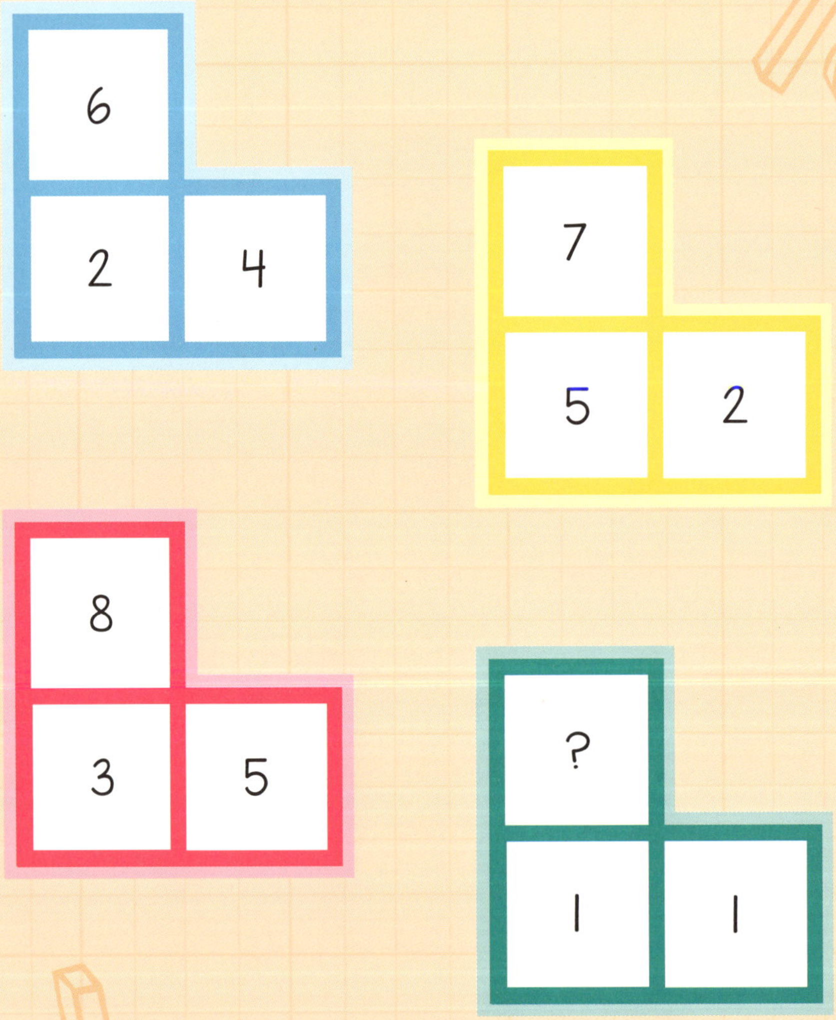

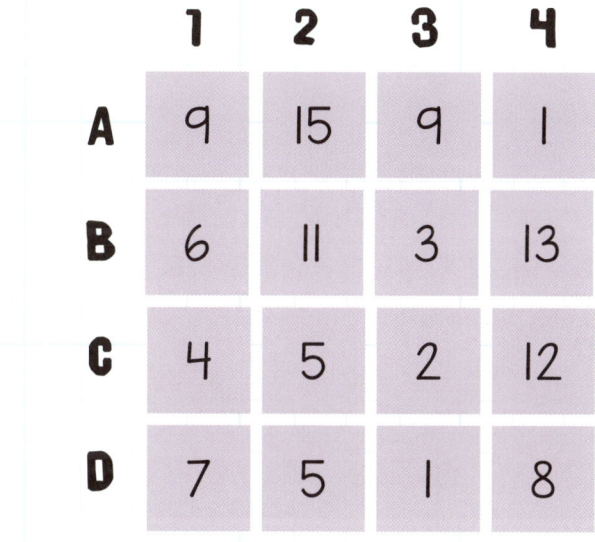

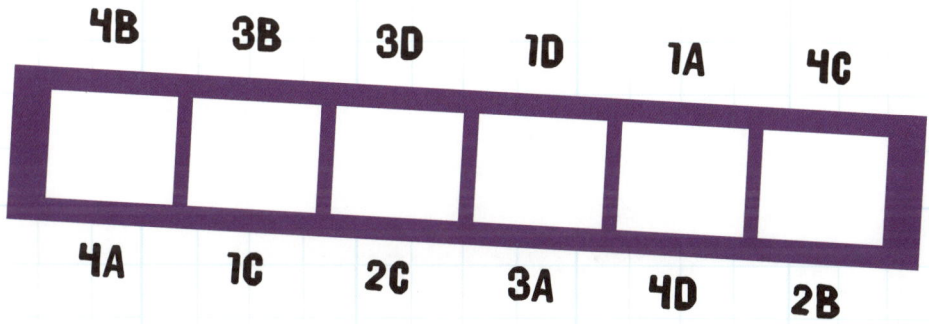

### ★★★
# PUZZLE 56

첫 번째 그림에서 빈칸에 들어갈 숫자 여섯 개를 찾아야 해요.
빈칸의 위아래에는 빈칸에 들어갈 수 있는 숫자 두 개의 위치가
적혀 있고, 그중에서 하나를 선택해서 빈칸에 넣어야 합니다.
단, 선택한 숫자 여섯 개는 어떤 규칙을 따라야 해요.
빈칸에 들어갈 숫자 여섯 개는 무엇일까요?

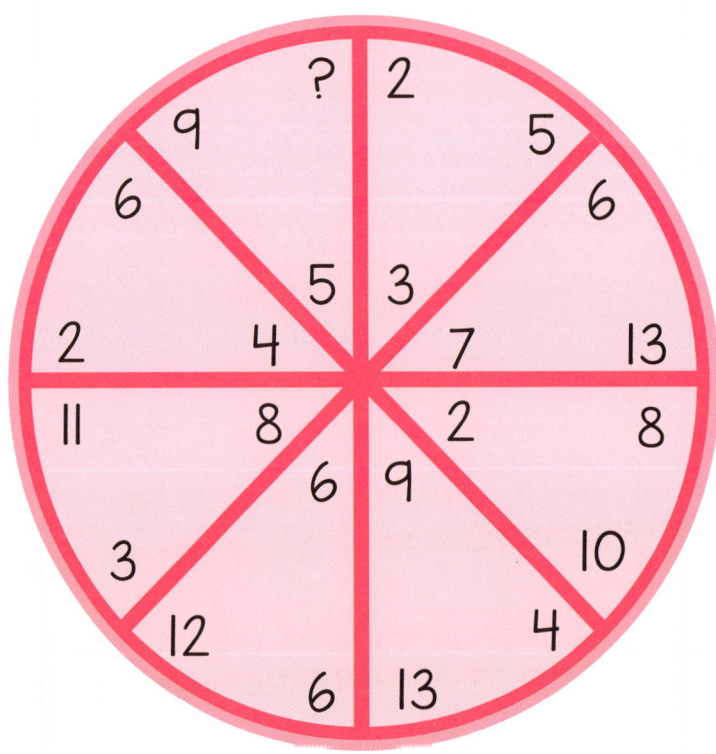

## PUZZLE 57

원에 숫자들이 어떤 규칙에 따라 적혀 있어요.
물음표에 들어갈 숫자는 무엇일까요?

# PUZZLE 58

여러 숫자 중에서 하나만 달라요.
어떤 숫자일까요?

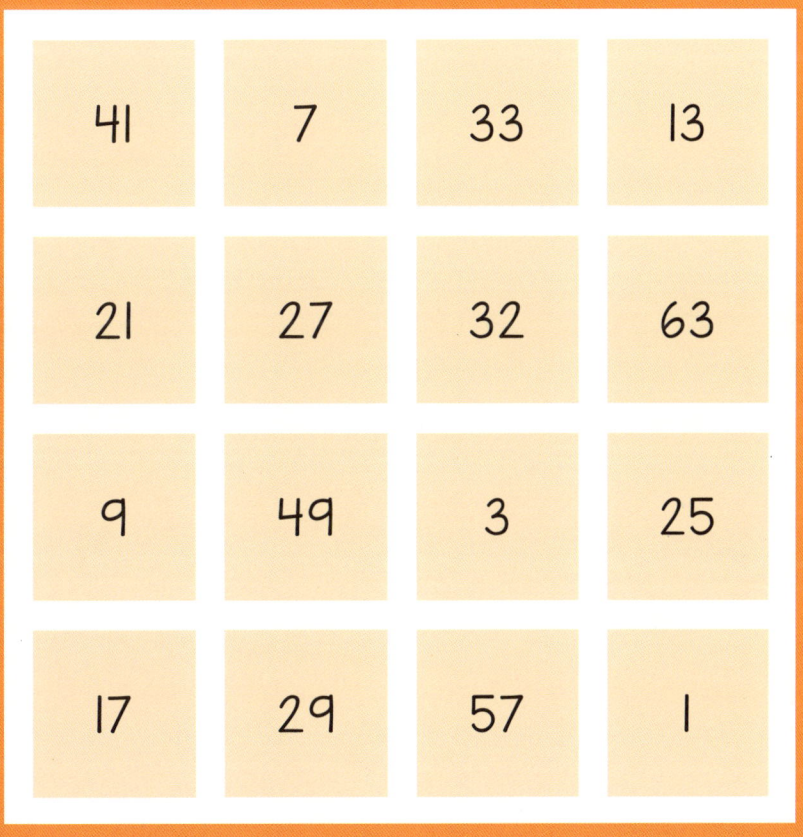

| 41 | 7 | 33 | 13 |
| 21 | 27 | 32 | 63 |
| 9 | 49 | 3 | 25 |
| 17 | 29 | 57 | 1 |

# PUZZLE 59

별에 적힌 숫자와 물음표에 들어갈 숫자 사이에는 규칙이 있어요.
물음표에 들어갈 숫자는 무엇일까요?

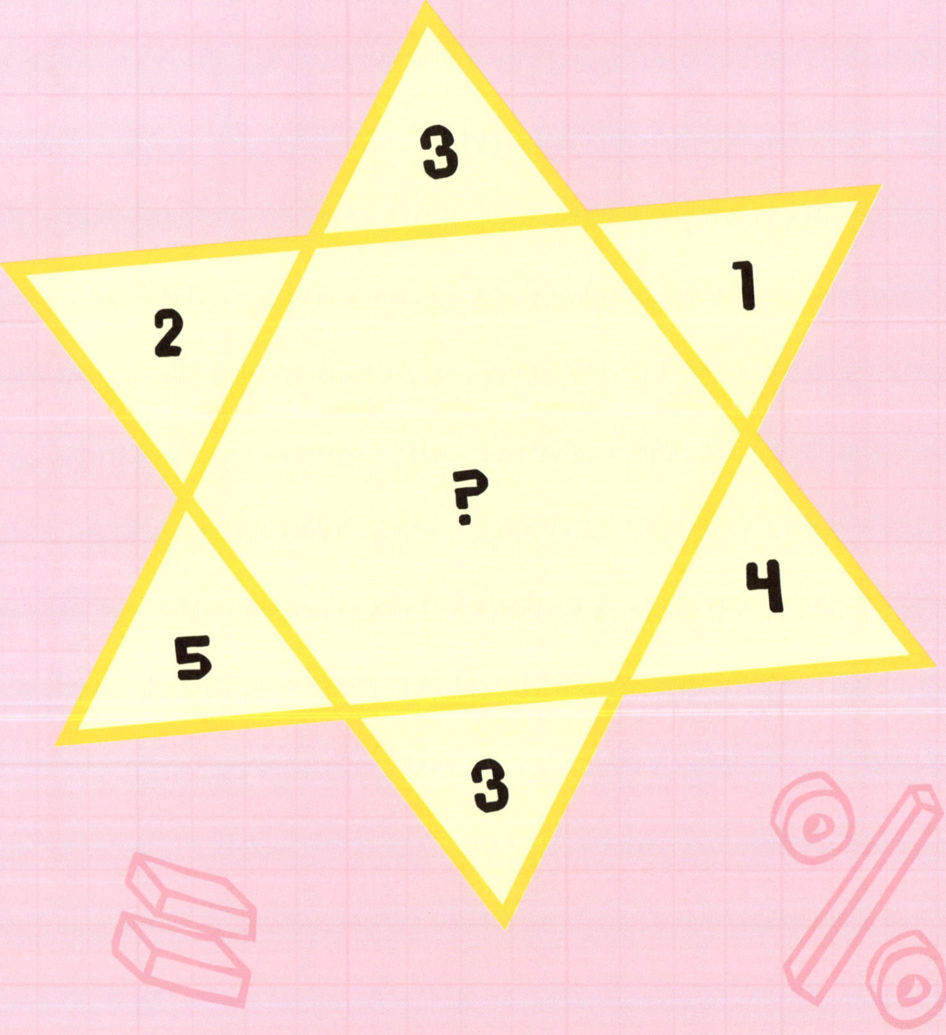


답
108쪽

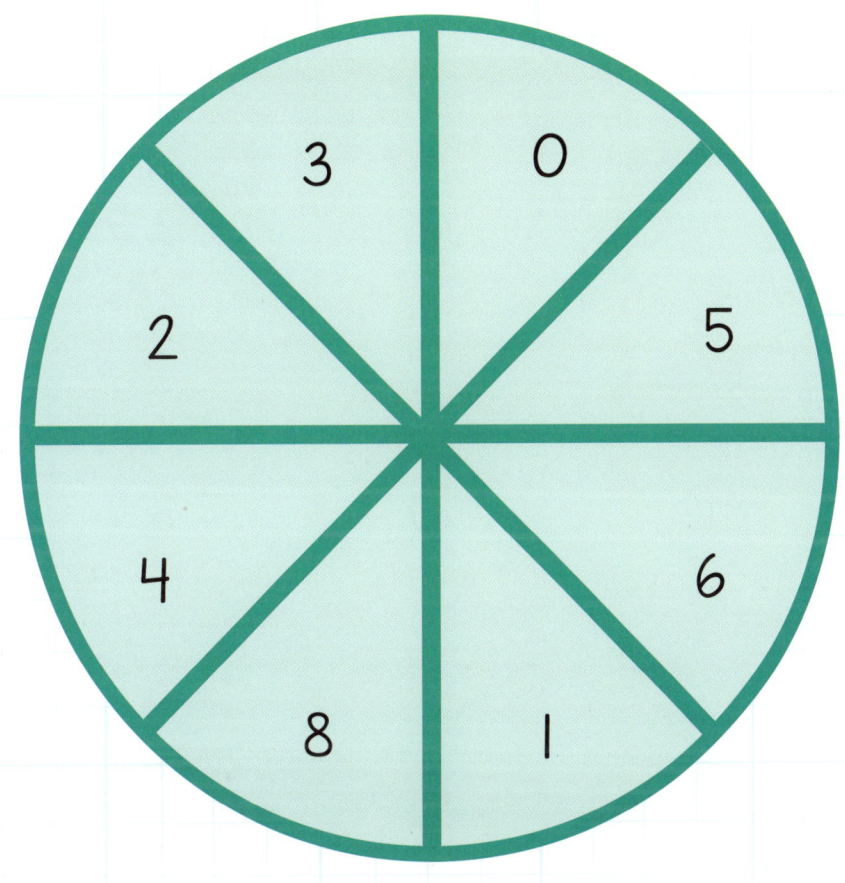

⭐⭐⭐⭐⭐
# PUZZLE 60

원에 적힌 숫자 중에서 세 개를 더해서 13을 만들어야 합니다.
한 숫자를 여러 번 더할 수 있어요. 같은 숫자 조합은 한 가지 방법입니다.
어떤 숫자들을 더해야 13이 나올까요? 또, 몇 가지 방법이 있을까요?

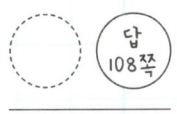

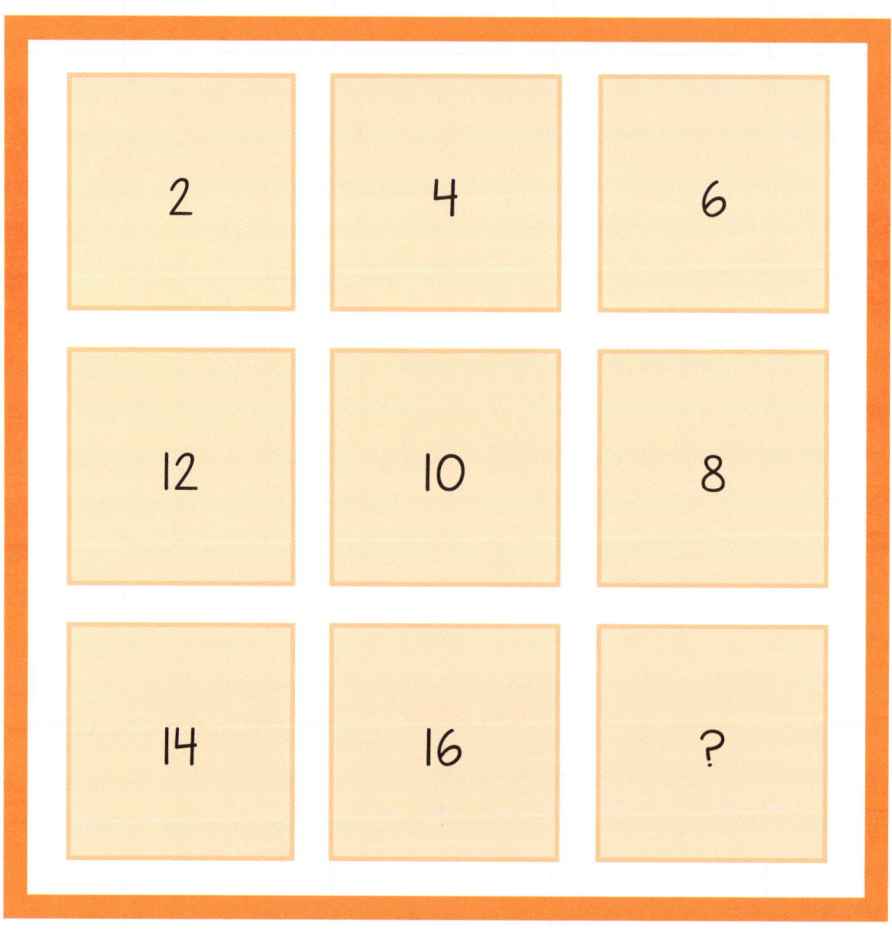

## PUZZLE 61

숫자들이 어떤 규칙에 따라 적혀 있어요.
물음표에 들어갈 숫자는 무엇일까요?

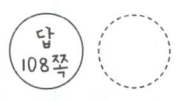

# PUZZLE 62

상자 A~F 중에서 하나만 다른 상자예요. 어떤 상자일까요?

**A** 5, 6, 1
**B** 1, 6, 1
**C** 2, 3, 4
**D** 5, 4, 6
**E** 2, 1, 3
**F** 2, 4, 5

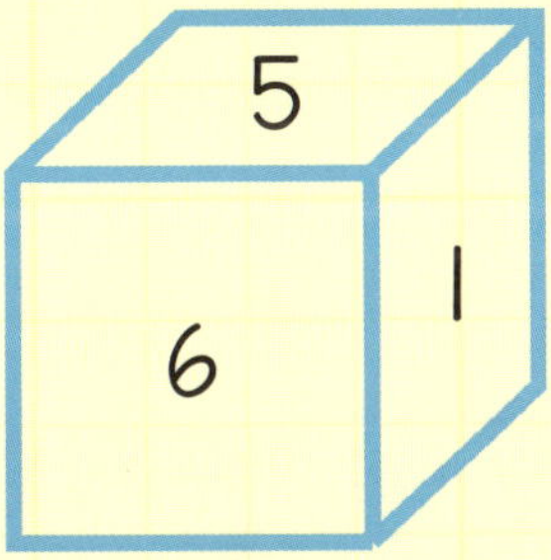

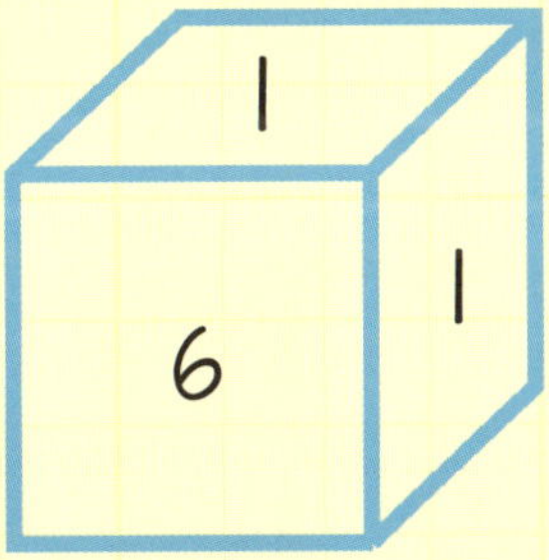

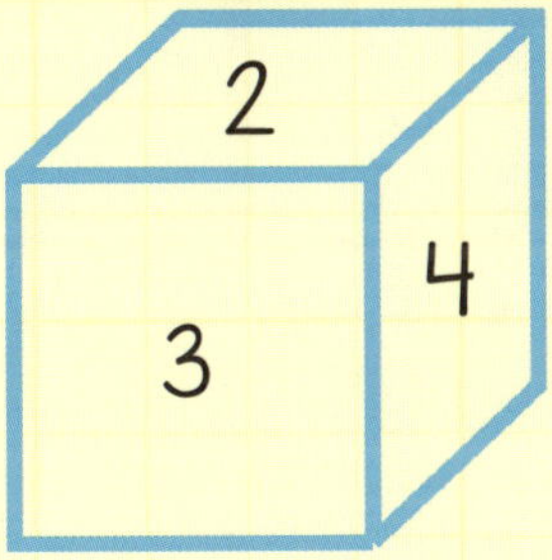

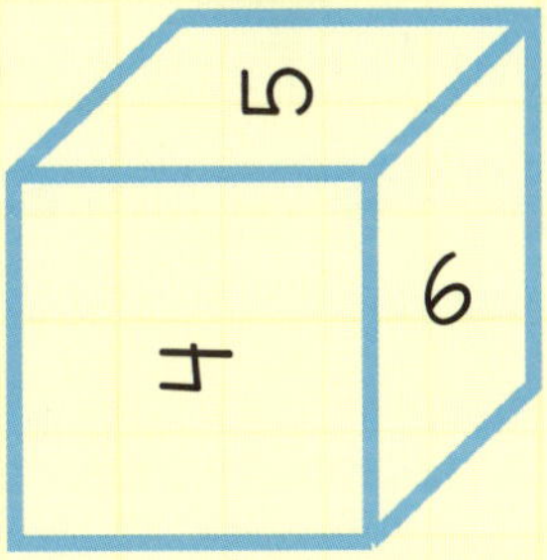

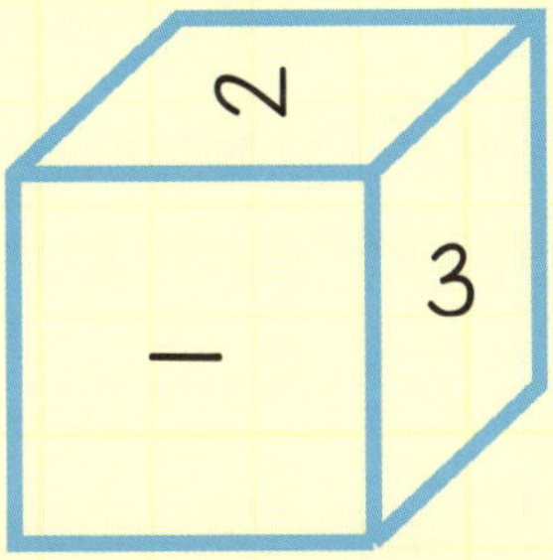

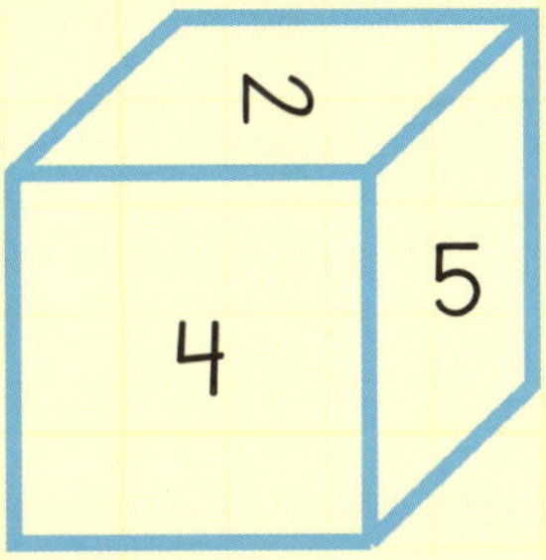

## PUZZLE 63

도형마다 숫자들이 어떤 규칙에 따라 적혀 있어요.
물음표에 들어갈 숫자는 무엇일까요?

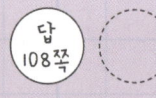

★★★★★
# PUZZLE 64

가로줄, 세로줄, 대각선 줄마다 1부터 5까지 숫자 다섯 개가 한 번씩 들어가야 합니다. 빈칸을 채워 표를 완성해 보세요. 물음표에 들어갈 숫자는 무엇일까요?

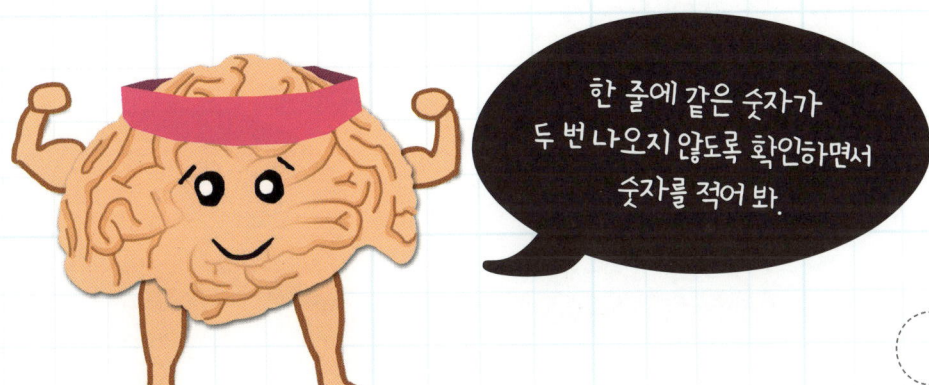

## PUZZLE 65

알파벳들이 어떤 규칙에 따라 적혀 있어요. 빠진 알파벳이 하나 있네요. 물음표에 들어갈 알파벳은 Y, D, J 중에서 어떤 것일까요?

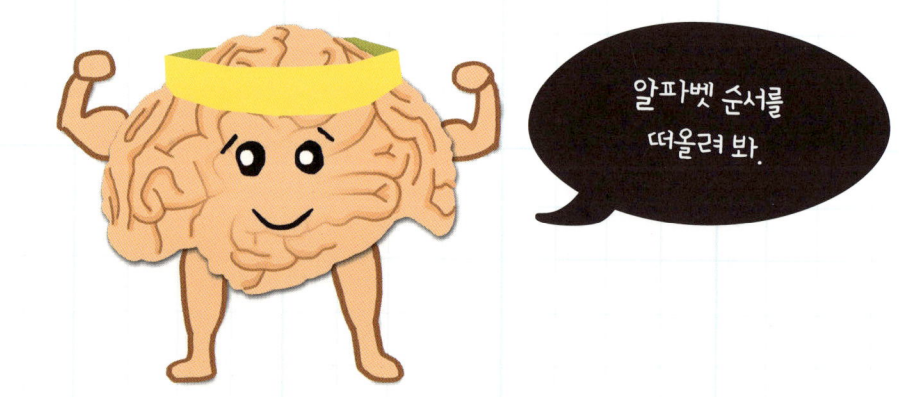

알파벳 순서를 떠올려 봐.

# PUZZLE 66

왼쪽 맨 아래에 적힌 5부터 출발해서 오른쪽 맨 위에 적힌 5까지 갈 거예요. 5에 도착했을 때 출발점 5와 도착점 5를 포함해서 지나온 숫자 아홉 개를 더해 보세요. 단, 오른쪽이나 위쪽으로만 움직일 수 있어요. 나올 수 있는 가장 큰 숫자는 무엇일까요?

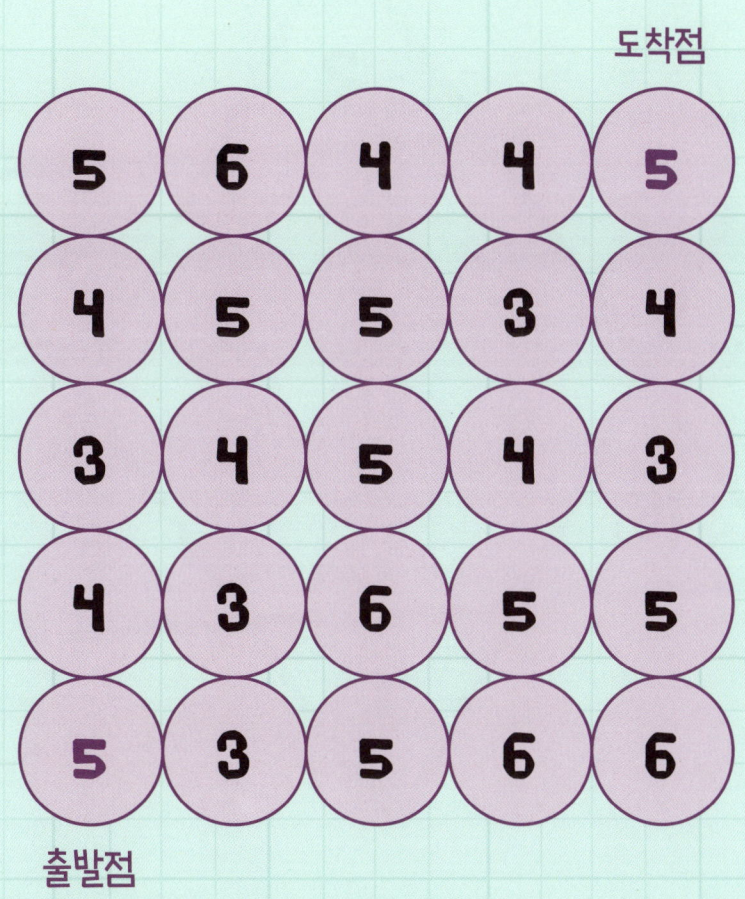

도착점

출발점

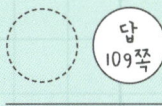

★★★

# PUZZLE 67

별 속에 숫자들이 어떤 규칙에 따라 적혀 있어요.

물음표에 들어갈 숫자는 무엇일까요?

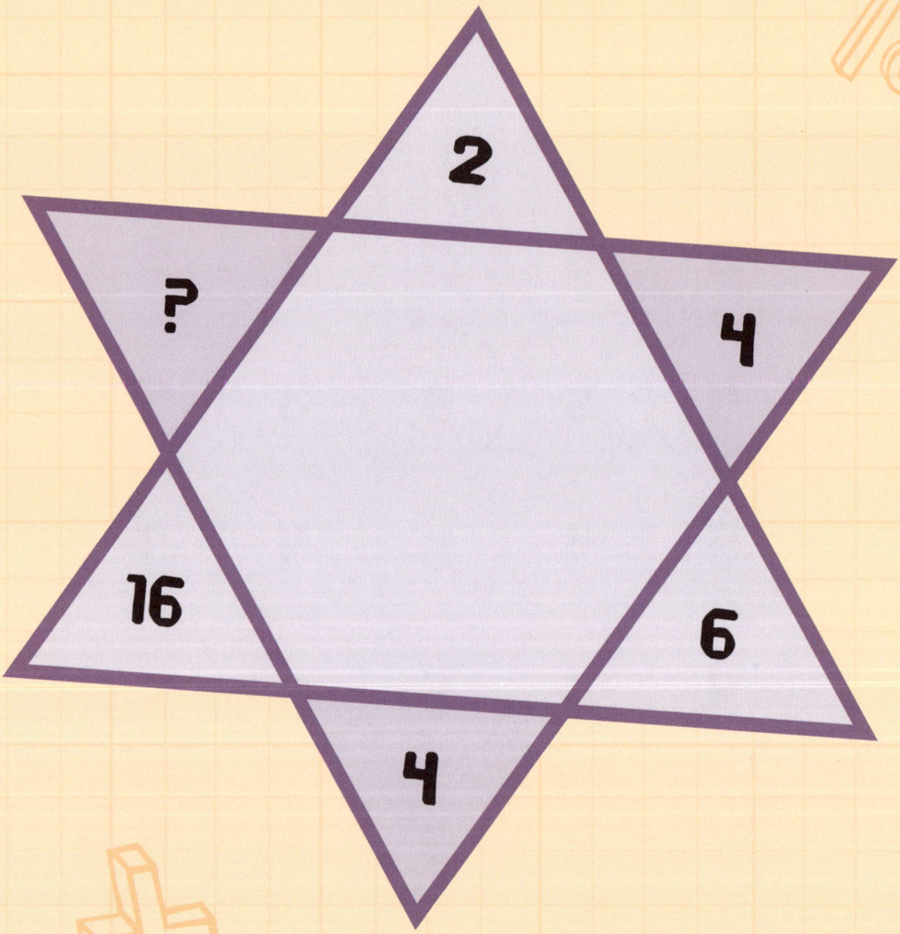


답 109쪽

| 8 | 4 | 4 |
| 3 | 1 | 2 |
| 7 | 2 | 5 |
| 6 | 5 | 1 |
| 9 | ? | 3 |

# PUZZLE 68

표에서 가운데 줄의 숫자들과 왼쪽 줄, 오른쪽 줄의 숫자들 사이에는 규칙이 있어요. 물음표에 들어갈 숫자는 무엇일까요?

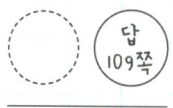

★★

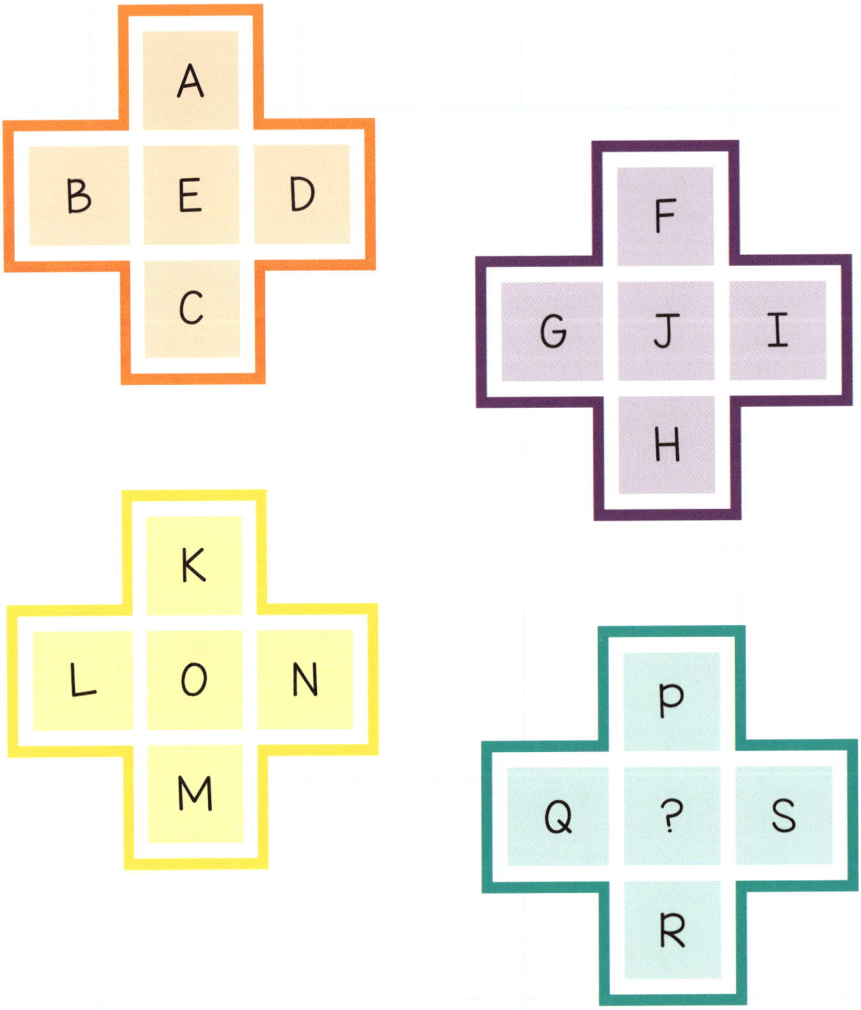

# PUZZLE 69

도형마다 알파벳들이 어떤 규칙에 따라 적혀 있어요.
물음표에 들어갈 알파벳은 B, T, K 중에서 어떤 것일까요?

답 109쪽

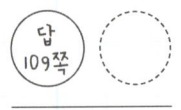

# PUZZLE 70

왼쪽 맨 아래에 적힌 2부터 출발해서 오른쪽 맨 위에 적힌 3까지 갈 거예요. 3에 도착했을 때 출발점 2와 도착점 3을 포함해서 지나온 숫자 아홉 개를 더해 보세요. 단, 오른쪽이나 위쪽으로만 움직일 수 있어요. 나올 수 있는 가장 큰 숫자는 무엇일까요?

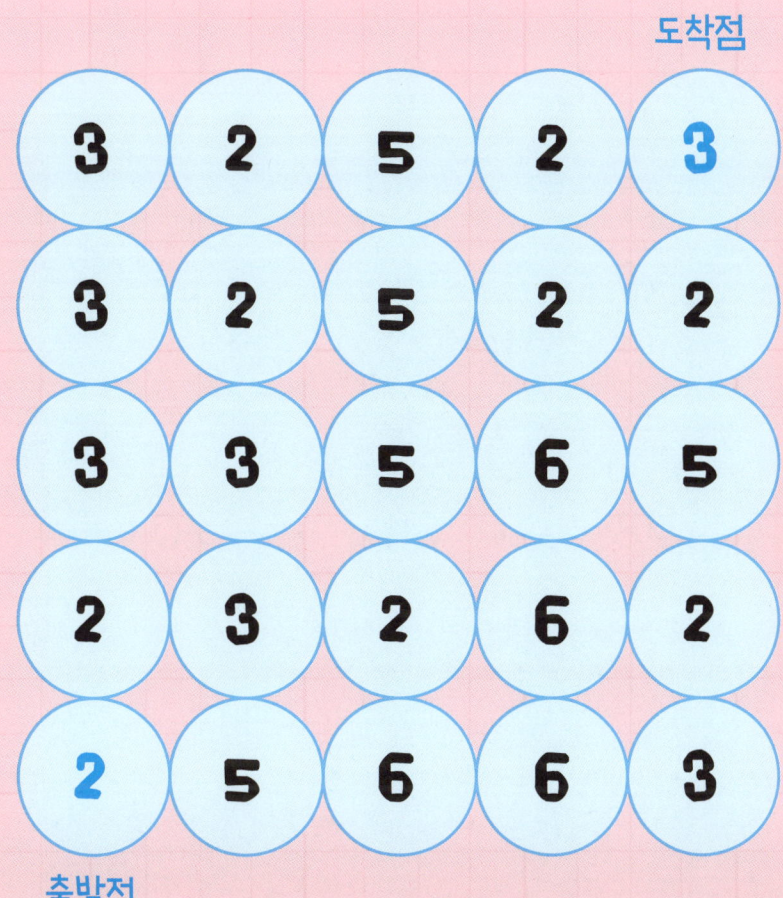

# PUZZLE 71

숫자들이 어떤 규칙에 따라 적혀 있어요.
물음표에 들어갈 숫자는 무엇일까요?

| 4 | 8 | 12 |
|---|---|---|
| 32 | ? | 16 |
| 28 | 24 | 20 |

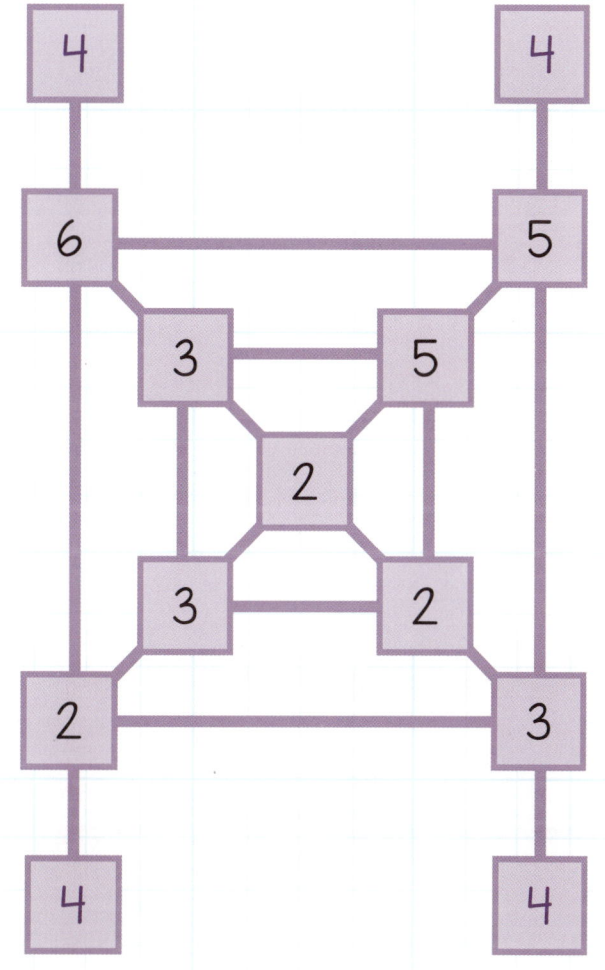

★★★★
# PUZZLE 72

네 모퉁이 중 한 곳에서 출발해서 선을 따라 이동해요.
출발한 숫자를 포함해서 숫자 다섯 개를 연결한 다음 더해 보세요.
나올 수 있는 가장 큰 숫자는 무엇일까요?

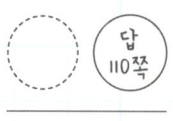

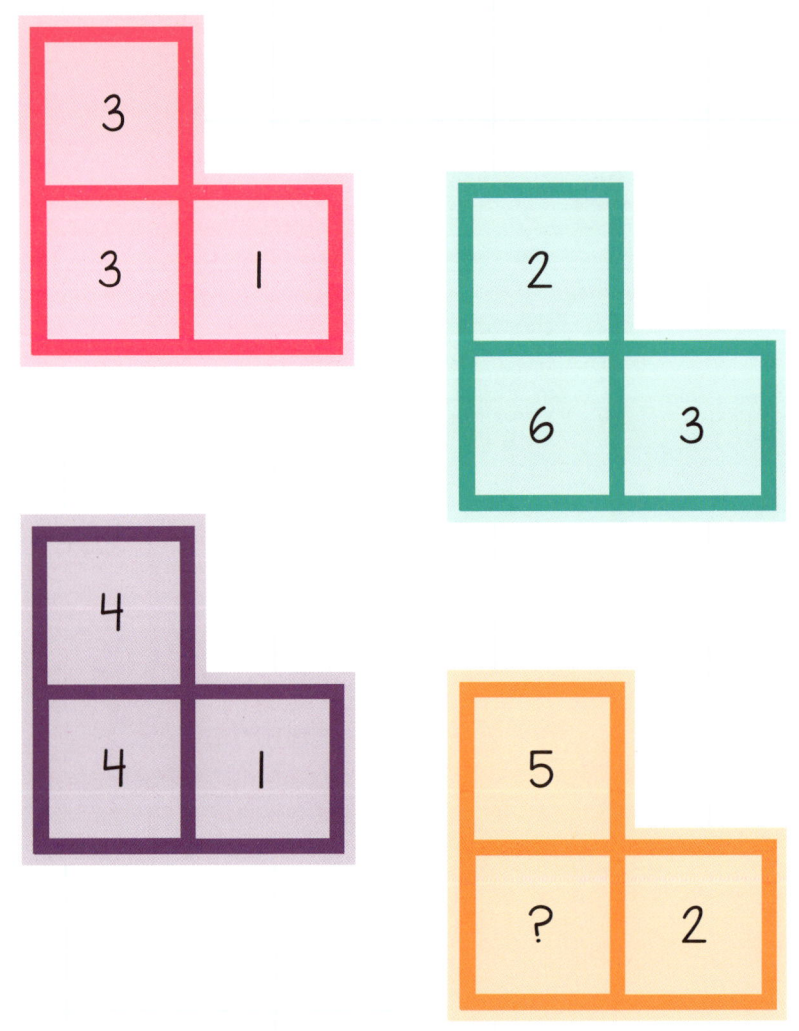

## PUZZLE 73

도형마다 숫자들이 어떤 규칙에 따라 적혀 있어요.
물음표에 들어갈 숫자는 무엇일까요?

# PUZZLE 74

가운데 칸에 1보다 큰 숫자를 적어 보세요. 위아래에 적힌 다른 숫자들을 그 숫자로 나누었을 때 나머지 없이 딱 나누어떨어져야 합니다. 물음표에 들어갈 숫자는 무엇일까요?

★★

# PUZZLE 75

별 속에 알파벳들이 어떤 규칙에 따라 적혀 있어요.
물음표에 들어갈 알파벳은 무엇일까요?

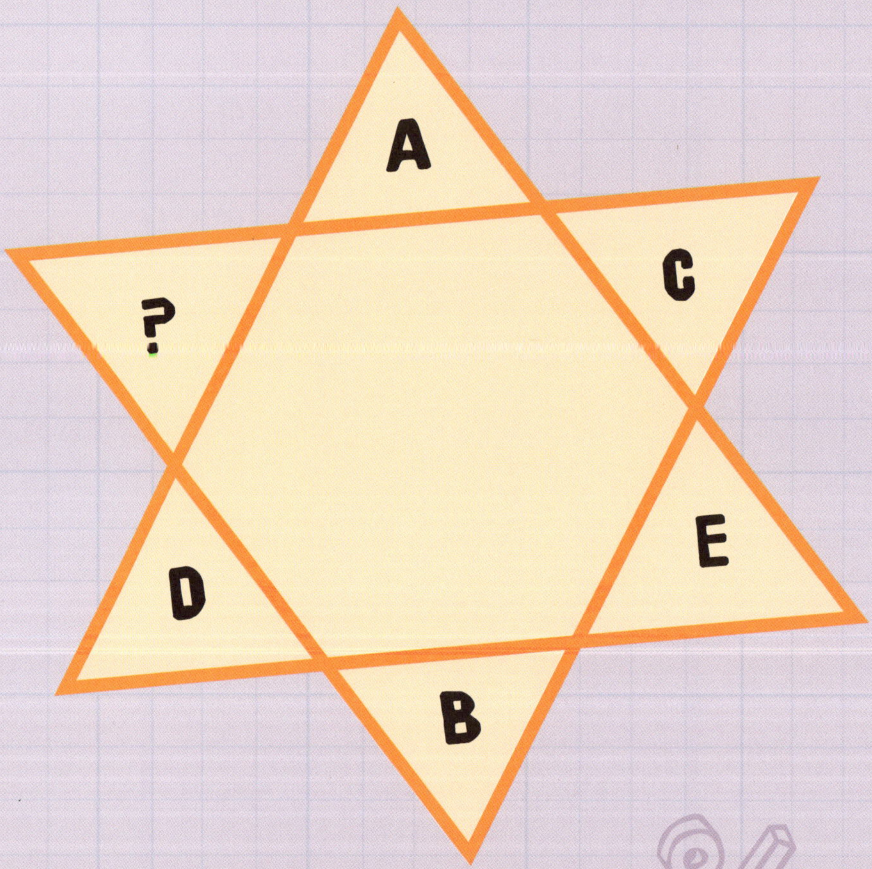


답 110쪽

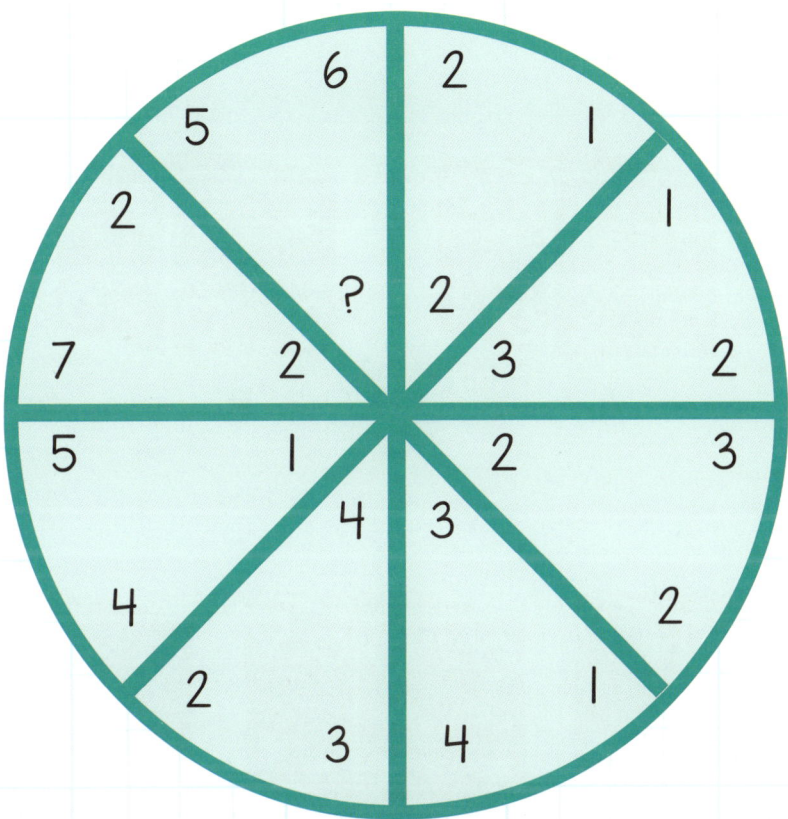

### ★★★
# PUZZLE 76

원에 숫자들이 어떤 규칙에 따라 적혀 있어요.
물음표에 들어갈 숫자는 무엇일까요?

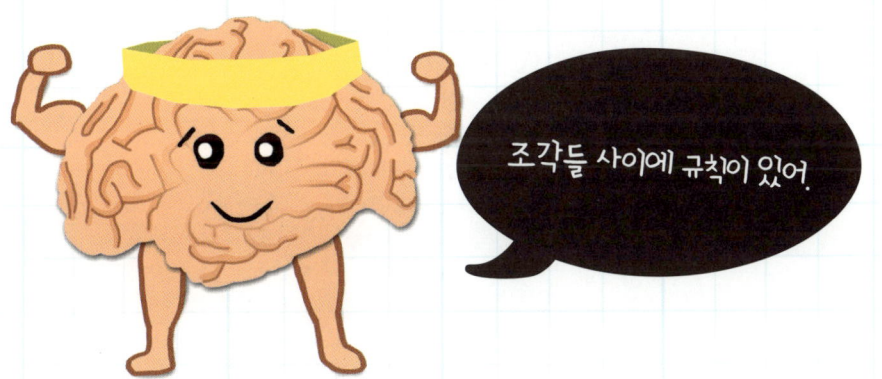

조각들 사이에 규칙이 있어.

답
110쪽

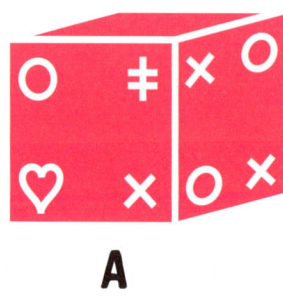
A
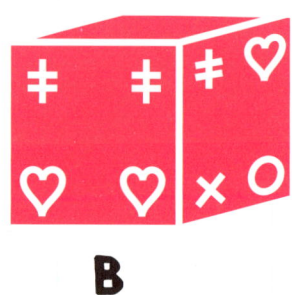
B

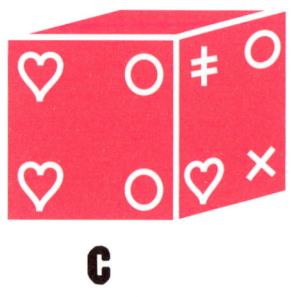
C
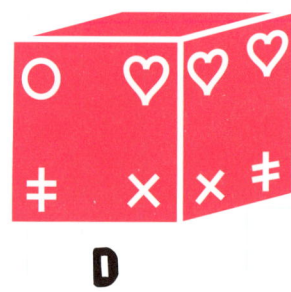
D
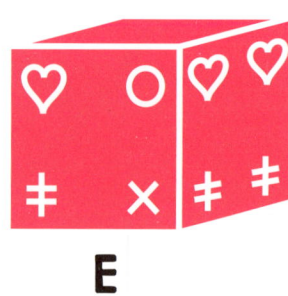
E

# PUZZLE 77

상자 A~E 중에서 하나만 달라요.
어떤 상자일까요?

# PUZZLE 78

아래에 신기한 금고가 있어요.
금고를 열려면 모든 버튼을 정해진 순서대로 한 번씩만 눌러야 합니다.
단, 마지막으로 F 를 눌러야 해요. 각 버튼에 적힌 숫자와 알파벳은
어느 방향으로 몇 번 움직여야 하는지 나타내고 있어요.

- 1i : 안(in)쪽으로 한 번
- 1o : 바깥(out)쪽으로 한 번
- 1c : 시계 방향(clockwise)으로 한 번
- 1a : 시계 반대 방향(anti-clockwise)으로 한 번

힌트를 하나 줄게요. 처음에 눌러야 하는 버튼은 가장자리에 있어요!
금고를 열려면 처음에 눌러야 하는 버튼은 어떤 것일까요?

# PUZZLE 79

그림에 숫자들이 어떤 규칙에 따라 적혀 있어요.
물음표에 들어갈 숫자는 무엇일까요?

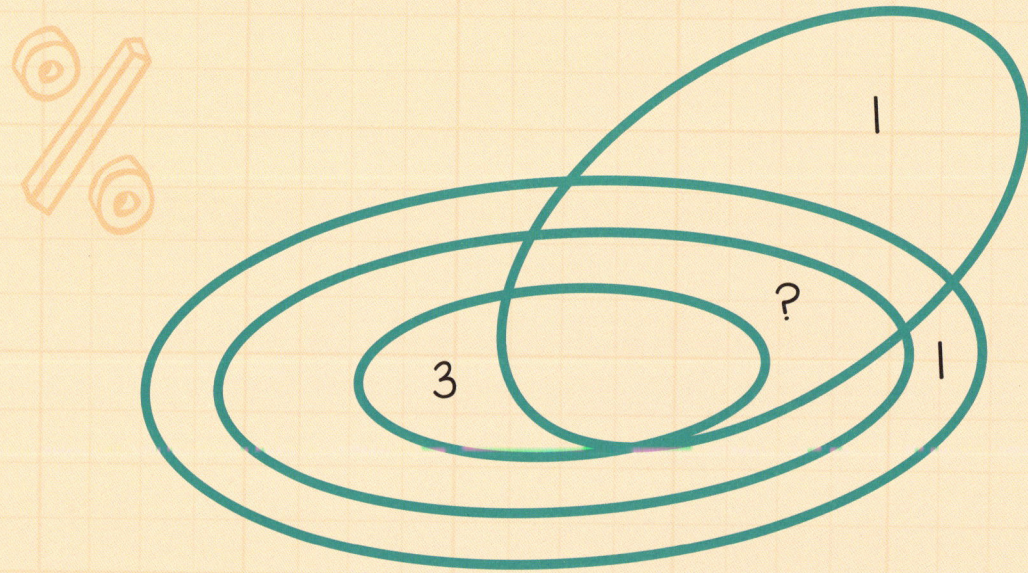

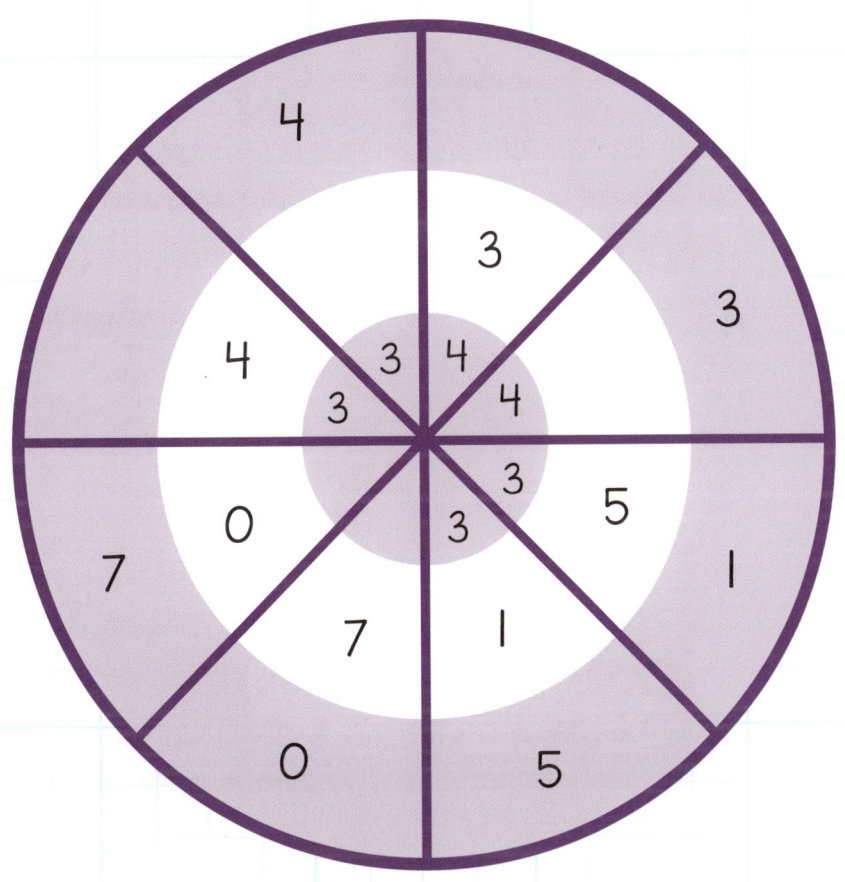

## PUZZLE 80

케이크 조각마다 숫자들을 더하면 같은 숫자가 될 거예요.
빈칸에 들어갈 숫자는 무엇일까요?

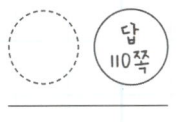

★★

# PUZZLE 81

도형 A~D 중에서 하나만 달라요. 어떤 도형일까요?

답 110쪽

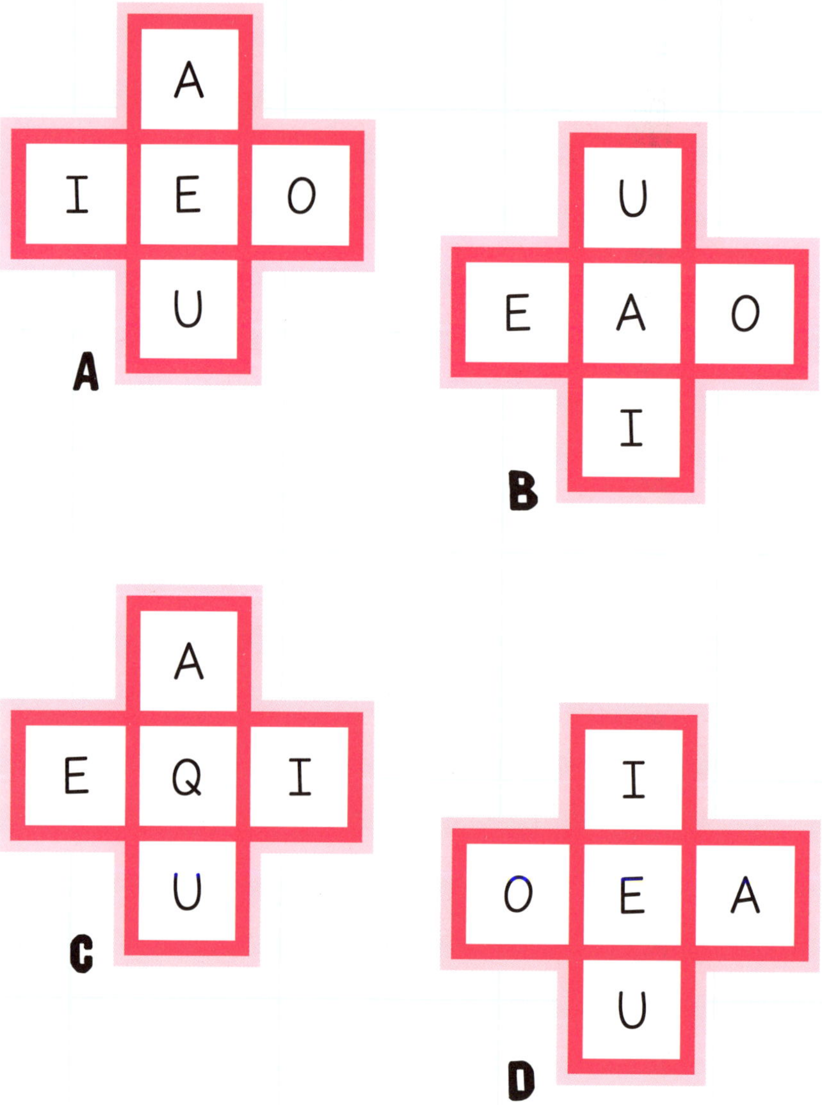

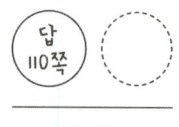

# PUZZLE 82

생일 케이크를 네 조각으로 잘랐어요.
조각들을 맞추면 오늘 생일인 친구의 나이를 알 수 있어요!
친구는 몇 살일까요?

★★★★★

# PUZZLE 83

저울은 모두 균형을 이루고 있어요.
물음표에 들어갈 그림은 어떤 것일까요?

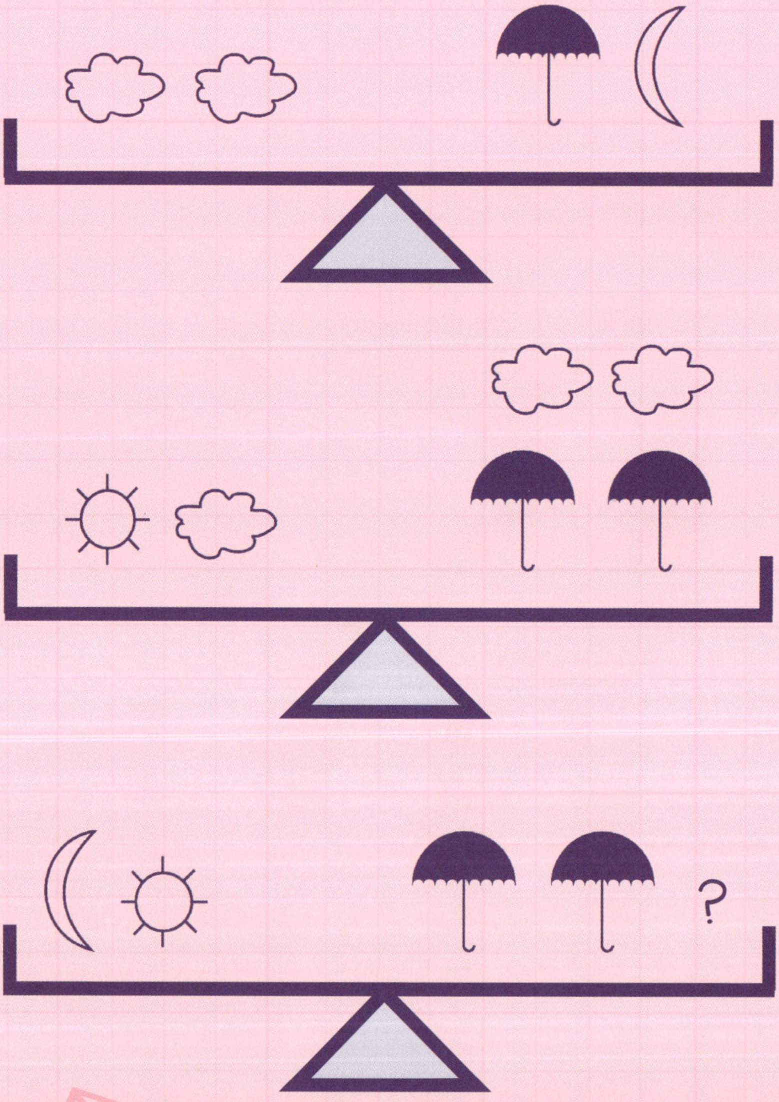


답 111쪽

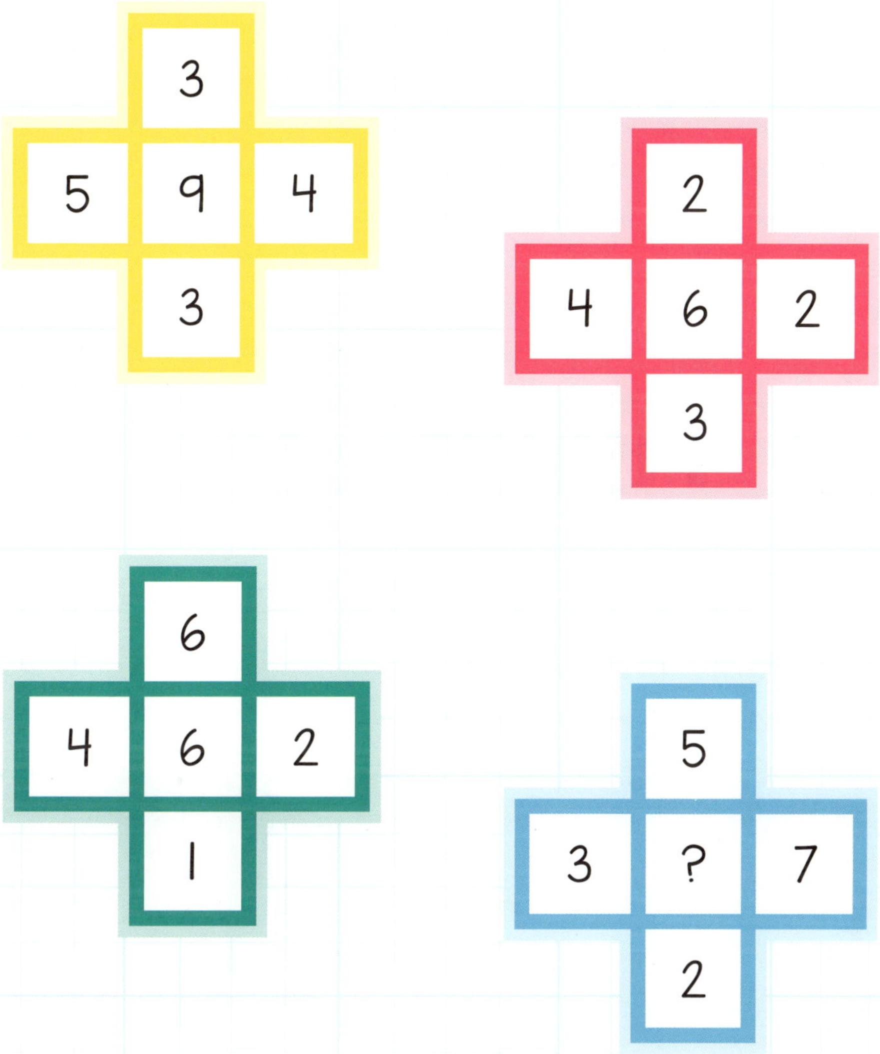

## PUZZLE 84

도형마다 숫자들이 어떤 규칙에 따라 적혀 있어요.
물음표에 들어갈 숫자는 무엇일까요?

# PUZZLE 85

A+B=10, A−B=6일 때 A와 B는 얼마일까요?

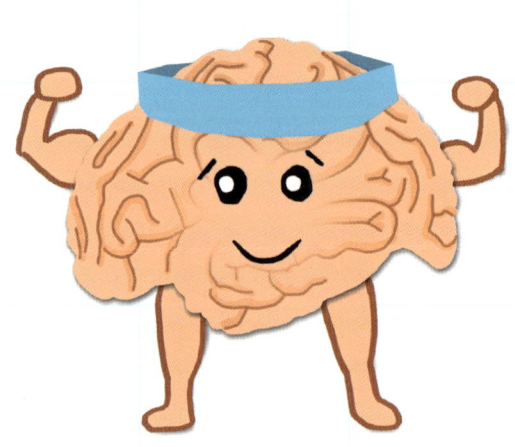

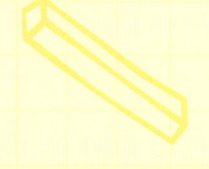

# PUZZLE 86

원을 그린 다음에 알파벳 A~Z를 시계 방향으로 적어 보세요.
F에서 시계 반대 방향으로 아홉 칸 뒤에 나오는 알파벳은
X, W, T 중에서 어떤 것일까요?

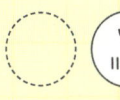

# PUZZLE 87

직선을 그어 코뿔소의 몸을 나누려고 해요.
단, 조각마다 1부터 5까지 숫자 다섯 개가 들어 있어야 합니다.
최소한 몇 개의 직선이 필요할까요?

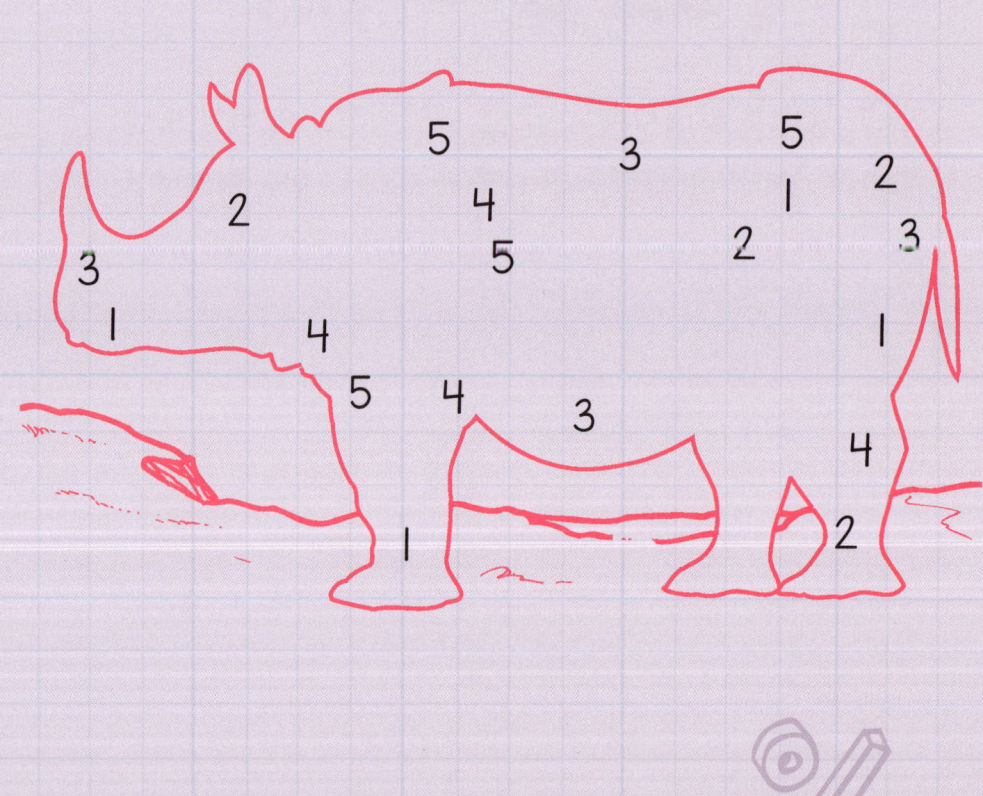

# PUZZLE 88

그림에서 찾을 수 있는 직사각형은 모두 몇 개일까요?

# PUZZLE 89

가장 작은 숫자부터 시작해서 가장 큰 숫자까지 짝수가 적힌 점만 죽 이어 보세요. 무슨 모양이 만들어지나요?

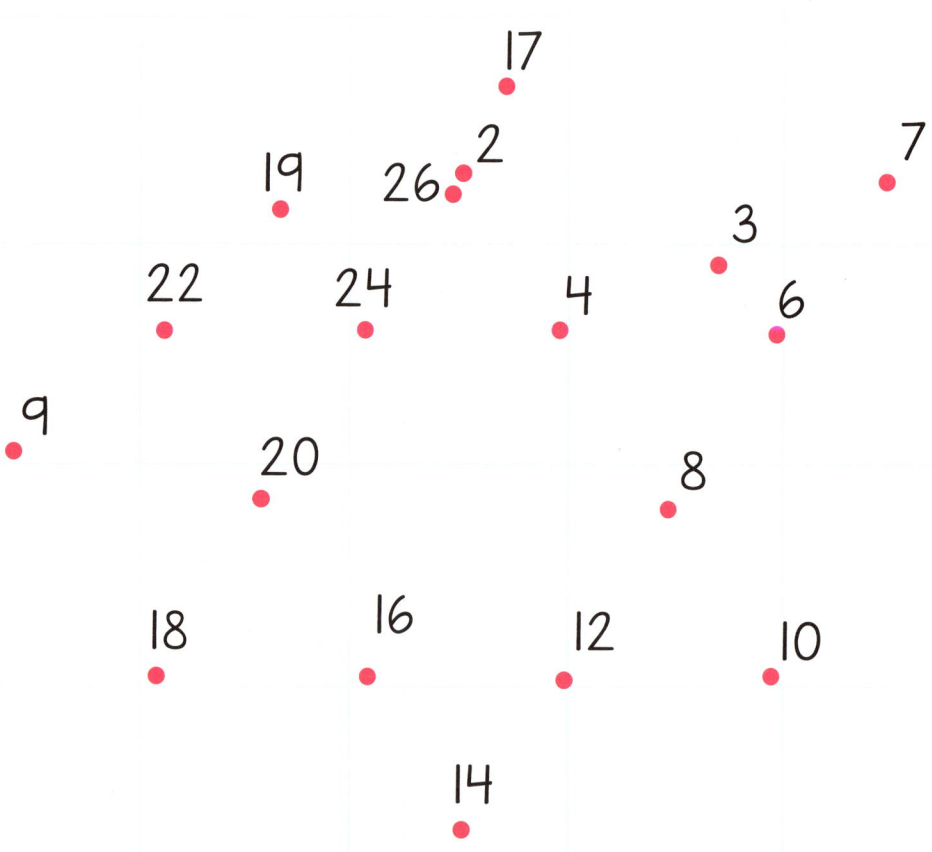

## ANSWER 1

$\frac{2}{9}$

## ANSWER 2

15

3부터 시작해 1, 1, 1, 2, 1, 1, 2를 지나 3에 도착할 때 나오는 15가 가장 작은 숫자입니다.

## ANSWER 3

C

맨 위 가로줄의 제일 왼쪽에 있는 +에서 출발해서 오른쪽으로 이어집니다. 제일 오른쪽 칸 ÷에 도착하면 아래 가로줄로 내려가 왼쪽으로 이어지고, 지그재그 모양으로 이어집니다. 부호는 +, −, ×, ÷ 이 순서대로 반복됩니다.

## ANSWER 4

23

오른쪽 위에 적힌 3부터 출발해서 5, 5, 5, 5를 연결할 때 23이 됩니다.

## ANSWER 5

5

숫자들은 모두 5로 나누어떨어집니다.

## ANSWER 6

10개

사과 1개=250g이므로 사과 20개=5kg입니다. 따라서 사과 20개로 사과 케이크 10개를 만들 수 있습니다.

## ANSWER 7

2

조각마다 적힌 세 숫자를 더하면 12가 됩니다.

## ANSWER 8

36명

친구 18명은 콜라를, 9명은 레모네이드를, 6명은 오렌지 주스를, 나머지 3명은 물을 마시고 있습니다. 따라서 생일 파티에는 친구 36명이 왔습니다.

## ANSWER 9

5

## ANSWER 10

3

사각형마다 왼쪽 위에 적힌 숫자부터 시계 방향으로 2씩 더합니다. 따라서 물음표에는

1+2=3이 들어갑니다.

## ANSWER 11

3

숫자는 몇 개의 도형이 그 숫자를 둘러싸고 있는지 나타냅니다.

## ANSWER 12

5

삼각형의 왼쪽 꼭짓점과 오른쪽 꼭짓점에 적힌 숫자를 더해 위쪽 꼭짓점에 적습니다.

## ANSWER 13

위쪽 빈칸: 8, 안쪽 빈칸: 5
아래쪽 빈칸: 3

조각마다 적힌 숫자들을 더한 값이 같으므로 위쪽 빈칸에는 8이 들어갑니다. 케이크 가장자리에 적힌 숫자들을 모두 더한 값이 32이므로 아래쪽 빈칸에 3이 들어갑니다. 따라서 안쪽 빈칸에는 5가 들어갑니다.

## ANSWER 14

16

사각형마다 꼭짓점에 적힌 숫자들을 더해서 안쪽에 적습니다. 따라서 물음표에는 5+5+5+1=16이 들어갑니다.

## ANSWER 15

처음에 눌러야 할 버튼은 위에서 네 번째 가로줄, 왼쪽에서 네 번째 칸에 있는 25입니다.

## ANSWER 16

45분

친구는 자전거를 타고 30분에 6km, 15분에 3km를 갈 수 있습니다. 따라서 45분 동안 자전거를 타면 9km 떨어진 친구 집에 도착합니다.

## ANSWER 17

4

가로줄마다 숫자들을 더한 값은 맨 위 7부터 8, 9로 숫자가 1씩 커집니다. 따라서 맨 아래 가로줄의 숫자들을 더한 값이 10이 되어야 하므로 물음표에는 4가 들어갑니다.

## ANSWER 18

2

조각마다 가장자리에 적힌 두 개의 숫자 중에서 큰 수에서 작은 수를 뺀 값을 원의 안쪽에 적습니다. 따라서 물음표에는 5−3=2가 들어갑니다.

## ANSWER 19

1V, 2V, 5V, 10V 동전 17개씩

1V × 17 = 17V, 2V × 17 = 34V, 5V × 17 = 85V, 10V × 17 = 170V 이렇게 총 306V가 됩니다.

## ANSWER 20

52

B = 39이므로 C는 13 + 39 = 52입니다.

## ANSWER 21

10

2, 4, 3, 1을 지날 때 10이 됩니다.

## ANSWER 22

5시 20분

1번 시계부터 시는 1시간씩, 분은 5분씩 더합니다.

## ANSWER 23

7

가로줄마다 세로줄 A, B, C의 숫자를 모두 더하면 세로줄 D의 숫자가 나옵니다. 따라서 물음표에는 1 + 5 + 1 = 7이 들어갑니다.

## ANSWER 24

E

E를 제외한 나머지 상자의 면에는 서로 다른 기호 4개가 그려져 있습니다.

## ANSWER 25

20

4, 6, 5, 6, 3을 지날 때 24가 됩니다. 4 + 6 + 5 + 6 + 3에 초록색 원 네 개의 값인 4를 빼면 20입니다. 이 숫자가 가장 큰 숫자입니다.

## ANSWER 26

54

두 칸마다 숫자의 십의 자릿수와 일의 자릿수를 바꿔 다음 칸에 적습니다. 따라서 물음표에는 54가 들어갑니다.

## ANSWER 27

22

✳ = 10, ▲ = 8, ■ = 1, ● = 3

왼쪽에서 첫 번째 세로줄에서 ✳ = 10, 위에서 첫 번째 가로줄에서 ▲ = 8, 두 번째 세로줄에서 ■ = 1, 두 번째 가로줄에서 ● = 3을 알 수 있습니다.

## ANSWER 28

I

알파벳 순서에 따라 알파벳을 숫자로 바꿔줍니다. 가로줄마다 왼쪽과 가운데에 적힌 숫자를 더하면 오른쪽 숫자가 됩니다. 따라서 물음표에는 3(C)+6(F)=9를 뜻하는 알파벳 I가 들어갑니다.

# ANSWER 29

÷, +, +

6÷3+4+2를 앞에서부터 순서대로 계산하면, 6÷3=2, 2+4=6, 6+2=8이 됩니다.

# ANSWER 30

R

알파벳 Z부터 Y, X, W, V, U, T, S, '?' 순서대로 이어지고, 알파벳 순서가 거꾸로 되어 있습니다. 따라서 물음표에는 S의 앞에 나오는 알파벳 R이 들어갑니다.

# ANSWER 31

16개

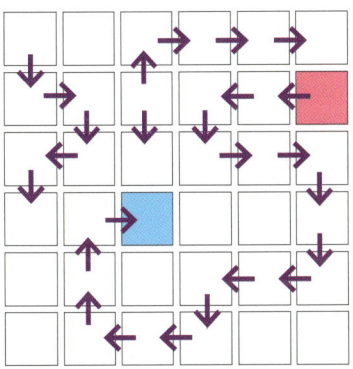

출발점 : 분홍색 칸
도착점 : 파란색 칸

# ANSWER 32

A

# ANSWER 33

4

숫자 4와 거울에 비친 4를 함께 그린 것입니다.

# ANSWER 34

6가지

(2, 1, 4, 5)를 연결하는 방법이 2가지, (2, 4, 5, 1)을 연결하는 방법이 4가지로 총 6가지가 있습니다.

# ANSWER 35

3

삼각형마다 위쪽 꼭짓점에 적힌 숫자들을 더해 첫 번째 삼각형의 안쪽에 적습니다. 왼쪽 꼭짓점에 적힌 숫자들을 더해 두 번째 삼각형의 안쪽에 적습니다. 마지막으로 오른쪽 꼭짓점에 적힌 숫자들을 더해 세 번째 삼각형의 안쪽에 적습니다. 따라서 물음표에는 1+1+1=3이 들어갑니다.

# ANSWER 36

|   |   |   |   |   |
|---|---|---|---|---|
| 1 | 6 | 1 | 2 | 4 |
| 6 | 6 | 4 | 6 | 1 |
| 2 | 4 | 2 | 1 | 6 |
| 4 | 2 | 6 | 6 | 2 |
| 6 | 1 | 6 | 4 | 6 |

# ANSWER 37

맨 위 가로줄의 제일 오른쪽에 있는 √에서 출발해서 시계 방향으로 달팽이 집 모양처럼 이어집니다. √, √, ♥, ☺, ☺, √, ♥, ♥, ☺ 이 순서대로 반복됩니다. 마지막으로 ☺에 도착합니다.

# ANSWER 38

6개

첫 번째 저울에서 **C=BB**, 두 번째 저울에서 **B=AA**를 알 수 있습니다. **BC=AABB**이므로 **B** 대신 **AA**를 넣으면 **BC=AAAAAA**가 됩니다. 저울이 균형을 이루려면 오른쪽에 **AAAAAA**가 들어가야 합니다.

# ANSWER 39

4

숫자들은 모두 4로 나누어떨어집니다.

# ANSWER 40

6

왼쪽 삼각형부터 차례대로 왼쪽 꼭짓점에 1, 2, 3, 4, 오른쪽 꼭짓점에 5, '?', 7, 8, 위쪽 꼭짓점에 9, 10, 11, 12이 적혀 있습니다. 1~12까지 적는 규칙이므로 물음표에는 6이 들어갑니다.

# ANSWER 41

14

도형의 위쪽과 아래쪽에 적힌 숫자를 더하거나 오른쪽에 적힌 숫자를 왼쪽에 적힌 숫자로 나누면 모두 가운데에 적힌 숫자가 나옵니다. 따라서 물음표에는 28÷2=14가 들어갑니다.

# ANSWER 42

3B, 1D

두 칸에는 1, 3, 6이 적혀 있습니다.

# ANSWER 43

40

조각마다 가장자리에 적힌 숫자 두 개를 곱해 반대쪽 조각의 안쪽에 적습니다. 따라서 물음표에는 5×8=40이 들어갑니다.

# ANSWER 44

12

132÷12=11이므로 12로 나누어야 합니다.

# ANSWER 45

A

A를 제외한 나머지 상자는 세 면에 모두 곡선이 있는 알파벳이 적혀 있습니다.

# ANSWER 46

| 3 | 6 | 3 | 0 | 3 |
|---|---|---|---|---|
| 0 | 3 | 3 | 3 | 6 |
| 3 | 3 | 3 | 3 | 3 |
| 6 | 3 | 3 | 3 | 0 |
| 3 | 0 | 3 | 6 | 3 |

위에서 세 번째 가로줄의 합이 15이므로 모든 줄의 합은 15가 되어야 합니다.

# ANSWER 47

8

마주 보는 숫자들을 더한 값인 8을 가운데에 적습니다.

# ANSWER 48

21살

# ANSWER 49

B

알파벳 Z부터 W, T, Q, N, K, H, E, '?' 순서대로 이어집니다. 알파벳 순서를 거꾸로, 알파벳 두 개씩 건너뛰어 적습니다. 따라서 물음표에는 B가 들어갑니다.

# ANSWER 50

2

숫자들은 모두 2로 나누어떨어집니다.

# ANSWER 51

4

도형의 아래쪽에 적힌 두 숫자를 더해 위쪽에 적습니다.

# ANSWER 52

16

숫자가 3씩 커집니다.

## ANSWER 53
3번

3번을 제외한 나머지 상자에는 모두 곡선이 없는 알파벳이 적혀 있습니다.

## ANSWER 54
30개

## ANSWER 55
2

도형의 아래쪽에 적힌 두 숫자를 더해 위쪽에 적습니다.

## ANSWER 56
1, 3, 5, 7, 9, 11

숫자가 2씩 커지는 규칙을 만들 수 있습니다.

## ANSWER 57
14

조각마다 가장자리에 적힌 숫자 두 개 중에 시계 방향으로 두 번째로 나오는 수에서 첫 번째로 나오는 수를 빼서 안쪽에 적습니다. '?' − 9 = 5이므로 물음표에는 14가 들어갑니다.

## ANSWER 58
32

32를 제외한 나머지 숫자는 모두 홀수입니다.

## ANSWER 59
6

마주 보는 숫자들을 더한 값인 6을 가운데에 적습니다.

## ANSWER 60
8가지

(8, 5, 0), (8, 4, 1), (8, 3, 2), (6, 6, 1), (6, 5, 2), (6, 4, 3), (5, 5, 3), (5, 4, 4) 이렇게 총 8가지 방법이 있습니다.

## ANSWER 61
18

2부터 시작해 4, 6, 8, 10, 12, 14, 16, '?'로 이어지고, 짝수를 차례대로 적습니다.

## ANSWER 62
B

B의 윗면에 적힌 1이 5가 되어야 합니다.

## ANSWER 63
12

도형의 위쪽과 오른쪽에 적힌 숫자를 더해 왼쪽 아래에 적습니다.

## ANSWER 64

| 1 | 2 | 3 | 4 | 5 |
|---|---|---|---|---|
| 3 | 4 | 5 | 1 | 2 |
| 5 | 1 | 2 | 3 | 4 |
| 2 | 3 | 4 | 5 | 1 |
| 4 | 5 | 1 | 2 | 3 |

## ANSWER 65

Y

A부터 시작해 시계 방향으로 D, G, J, M, P, S, V, '?' 순서대로 이어집니다. 알파벳을 두 개씩 건너뛰어 적습니다. 따라서 물음표에는 Y가 들어갑니다.

## ANSWER 66

42

5부터 시작해 3, 5, 6, 6, 5, 3, 4를 지나 5에 도착할 때 나오는 42가 가장 큰 숫자입니다.

## ANSWER 67

36

별에 적힌 2, 4, 6에 같은 수를 곱해 반대쪽에 적습니다. 따라서 물음표에는 6×6=36이 들어갑니다.

## ANSWER 68

6

표의 왼쪽 줄에 적힌 숫자에서 오른쪽 줄에 적힌 숫자를 빼서 가운데 줄에 적습니다.

## ANSWER 69

T

알파벳 순서에 따라 알파벳들이 도형의 위쪽, 왼쪽, 아래쪽, 오른쪽, 가운데 칸으로 이어집니다. P, Q, R, S, T로 이어지므로 물음표에는 T가 들어갑니다.

## ANSWER 70

41

2부터 시작해 5, 6, 6, 6, 6, 5, 2를 지나 3에 도착할 때 나오는 41이 가장 큰 숫자입니다.

## ANSWER 71

36

4, 8, 12, 16, 20, 24, 28, 32, '?' 순서대로 이어지고, 숫자가 4씩 커집니다. 따라서 물

음표에는 36이 들어갑니다.

## ANSWER 72
23

왼쪽 위에 적힌 ㄴ부터 출발해서 6, 3, 5, 5 을 연결할 때 23이 됩니다.

## ANSWER 73
10

도형의 위쪽과 오른쪽에 적힌 숫자를 곱해 왼쪽 아래에 적습니다.

## ANSWER 74
11

숫자들은 모두 11로 나누어떨어집니다.

## ANSWER 75
F

별에 적힌 A, C, E의 반대쪽에 그다음 알파벳을 적습니다. 따라서 물음표에는 E 다음에 나오는 F가 들어갑니다.

## ANSWER 76
1

조각의 숫자 합계가 (2, 2, 1)이 적힌 조각부터 시계 방향으로 1씩 커집니다. 따라서 물음표가 적힌 조각의 합계는 12가 되어야 하므로 물음표에는 1이 들어갑니다.

## ANSWER 77
D

D를 제외한 나머지 상자의 한 면에는 네 가지 기호가, 다른 한 면에는 두 가지 기호가 한 쌍씩 그려져 있습니다.

## ANSWER 78

가장자리의 왼쪽에 있는 4a와 아래쪽에 있는 3c의 사이에 있는 1i를 먼저 눌러야 합니다.

## ANSWER 79
3

숫자는 몇 개의 도형이 그 숫자를 둘러싸고 있는지 나타냅니다.

## ANSWER 80
2

조각마다 숫자 합계가 같으려면 빈칸에 2를 적어야 합니다.

## ANSWER 81
C

C를 제외한 나머지 도형에는 모두 알파벳 모음(A, E, I, O, U)만이 적혀 있습니다.

## ANSWER 82
5살

## ANSWER 83

첫 번째 저울의 오른쪽과 두 번째 저울의 왼쪽을 더하면 ☀︎☁︎☂︎☽ = ☁︎☁︎☁︎☂︎☂︎를 알 수 있습니다. 이 식에서 ☁︎☂︎을 빼면 ☀︎☽ = ☁︎☁︎☁︎☂︎를 알 수 있습니다. ☁︎☁︎=☂︎☽이므로 ☀︎☽ = ☁︎☂︎☂︎☽ 입니다.

## ANSWER 84
10

도형의 위쪽과 아래쪽에 적힌 숫자를 곱하거나 왼쪽과 오른쪽에 적힌 숫자를 더하면 모두 가운데에 적힌 숫자가 됩니다.

## ANSWER 85
A=8, B=2

## ANSWER 86
W

F부터 시계 반대 방향으로 E, D, C, B, A, Z, Y, X, W…순서대로 이어집니다. 따라서 F의 아홉 칸 뒤에 나오는 알파벳은 W입니다.

## ANSWER 87
3개

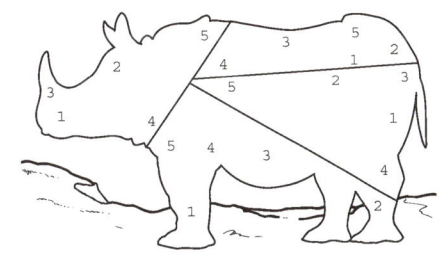

## ANSWER 88
36개

정사각형은 가로, 세로로 3칸짜리 1개, 2칸짜리 4개, 1칸짜리 9개가 있습니다. 직사각형은 2칸×3칸, 3칸×2칸은 2개씩, 1칸×3칸, 3칸×1칸은 3개씩, 1칸×2칸, 2칸×1칸은 6개씩 있습니다.

## ANSWER 89
별

**멘사코리아** Mensa Korea

주소 : 서울시 서초구 언남9길 7-11, 5층(양재동, 제마트빌딩)
전화 : 02-6341-3177
E-mail : admin@mensakorea.org

## 멘사 수학 놀이 2
**수학 실력이 좋아져요**

1판 1쇄 펴낸 날 2017년 7월 10일
1판 5쇄 펴낸 날 2021년 12월 15일

지은이 | British Mensa Ltd(해럴드 게일, 캐롤린 스키트, 로버트 앨런)

펴낸이 | 박윤태
펴낸곳 | 보누스
등  록 | 2001년 8월 17일 제313-2002-179호
주  소 | 서울시 마포구 동교로12안길 31 보누스 4층
전  화 | 02-333-3114
팩  스 | 02-3143-3254
이메일 | viking@bonusbook.co.kr
블로그 | http://blog.naver.com/vikingbook

ISBN 978-89-6494-299-4  74410

**바이킹**은 보누스출판사의 어린이책 브랜드입니다.

• 책값은 뒤표지에 있습니다.

## Mensa KiDS 멘사 어린이 시리즈

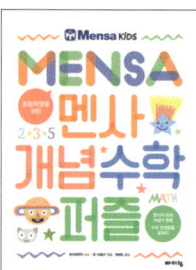
초등학생을 위한
멘사 개념 수학 퍼즐
존 브렘너 지음 | 멘사코리아 감수

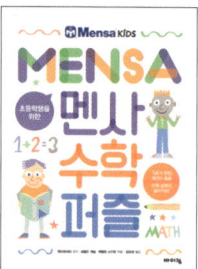
초등학생을 위한
멘사 수학 퍼즐
해럴드 게일 외 지음 | 멘사코리아 감수

초등학생을 위한
멘사 영어 단어 퍼즐
로버트 앨런 지음 | 멘사코리아 감수

초등학생을 위한
멘사 추리 퍼즐
로버트 앨런 지음 | 멘사코리아 감수

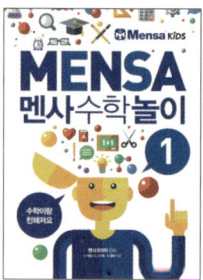
멘사 수학 놀이 1 :
수학이랑 친해져요
해럴드 게일 외 지음 | 멘사코리아 감수

멘사 수학 놀이 2 :
수학 실력이 좋아져요
해럴드 게일 외 지음 | 멘사코리아 감수

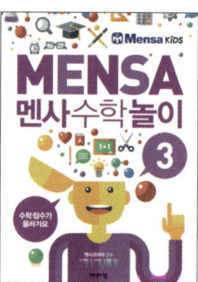
멘사 수학 놀이 3 :
수학 점수가 올라가요
해럴드 게일 외 지음 | 멘사코리아 감수

멘사 미로 찾기 :
머리가 똑똑! 집중력이 쑥쑥!
브리티시 멘사 지음 | 멘사코리아 감수

## 초등학생을 위한 인도수학 시리즈

계산이 빨라지는 인도 베다수학
마키노 다케후미 지음 | 고선윤 옮김

도형이 쉬워지는 인도 베다수학
마키노 다케후미 지음 | 고선윤 옮김

암산이 빨라지는 인도 베다수학
인도수학연구회 지음 | 라니 산쿠 감수

생각이 자라는 어린이책
바이킹

블로그
blog.naver.com/vikingbook

인스타그램
@viking_kidbooks